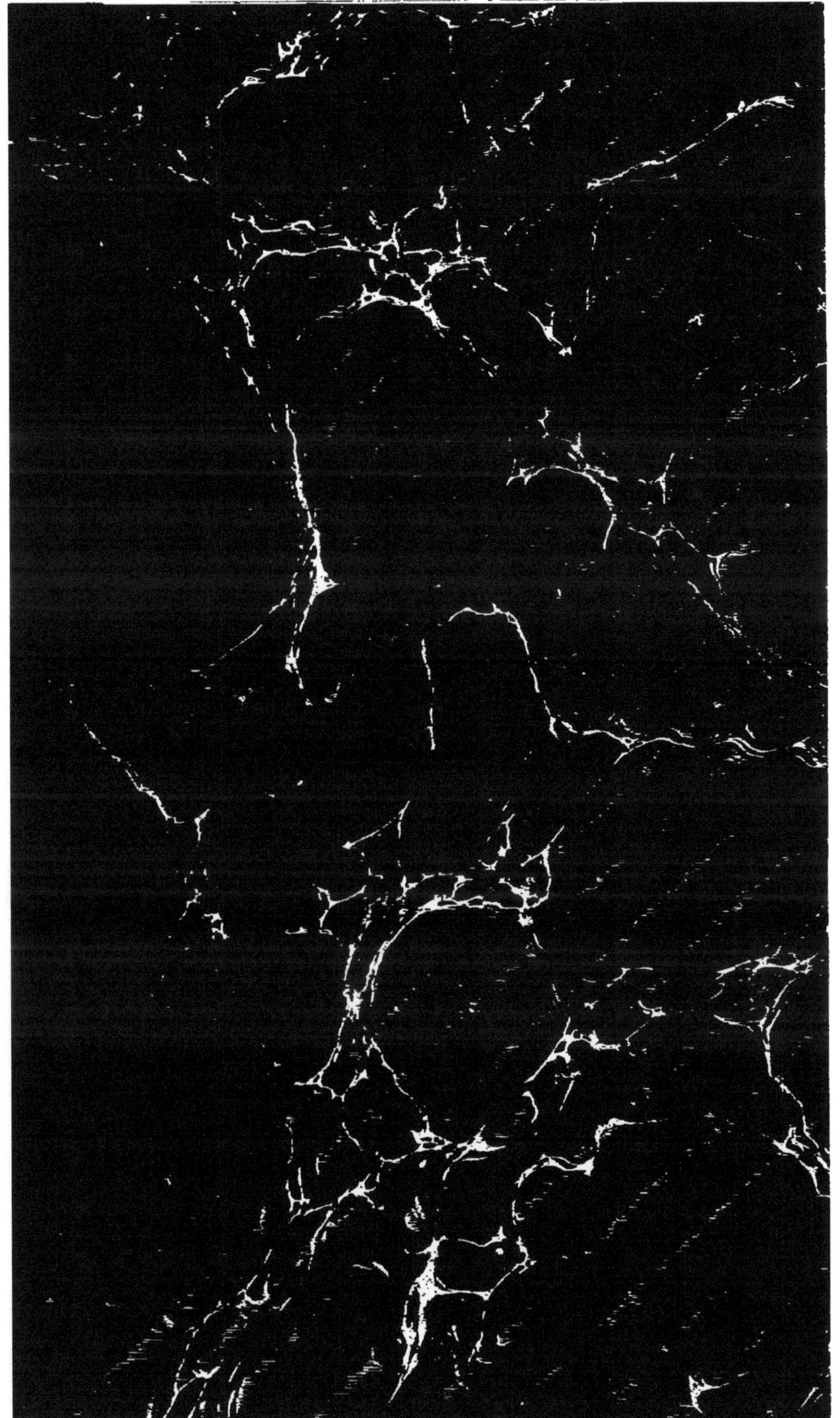

RÉCIT D'UN SOLDAT

MA PREMIÈRE CAMPAGNE

MA CAPTIVITÉ

LYON. — IMP. PITRAT AINÉ, RUE GENTIL, 4.

RÉCIT D'UN SOLDAT

MA

PREMIÈRE CAMPAGNE

MA CAPTIVITÉ

PAR

GEORGES DE GRAMBES

LYON

P. N. JOSSERAND, LIBRAIRE-ÉDITEUR

3, PLACE BELLECOUR, 3

1872

RÉCIT D'UN SOLDAT

AVANT METZ

I

Nous étions en pleine inspection générale. J'avais demandé un congé que je devais passer en partie dans le Rouergue avec un de mes amis pour nous diriger ensuite vers la Suisse, où nous attendait ma famille. Je ne dirai pas tous les projets éclos dans nos jeunes têtes! nous nous promettions des joies sans nombre. Le ciel était si beau que d'avance nous jouissions du plaisir d'être libres et au grand air. Il circulait bien quelques bruits de mésintelligence entre la Prusse et la France, mais nous croyions que tout se terminerait diplomatiquement.

Tout à coup j'appris que notre général inspecteur venait de recevoir une dépêche qui le rappelait à Lyon. Le jour se fit en moi. J'avais toujours désiré faire campagne. Aussi, me sentant confiné au dépôt, destiné à instruire les recrues qu'on enverrait à l'armée, je ne pus me faire à cette triste perspective, et j'allai, sans retard, me présenter au général, que je suppliai de m'emmener, n'importe à quel titre. J'étais très-ému. Le bon général s'en aperçut et eut l'obligeance de me dire : « Mon ami, ce sentiment fait votre éloge, mais il y a une chose qui est bien au-dessus de l'ardeur guerrière, c'est l'accomplissement résigné du devoir. D'ailleurs, qui peut prévoir l'avenir[1] ? » Je me retirai, vaincu par ces sages paroles, mais non calmé. Rien n'était capable de me donner le change. Je ne comprenais que ceci, c'est que mon batail-

[1] C'était le général de l'Abadie d'Aydren dont la conduite a été si noble pendant la campagne de Sedan

l'on allait partir, qu'on me laisserait là et que peut-être de longtemps il ne s'offrirait à moi une autre occasion.

Dès lors plus de repos. J'avais constamment devant les yeux ma situation dont je m'exagérais beaucoup les conséquences pour l'avenir.

II

Les cinq cents hommes qui nous arrivèrent et qu'il fallut armer ne firent qu'entretenir cette agitation fiévreuse. Nous étions accablés de besogne. Ces soldats, mélangés d'hommes de la réserve et de semestriers, avaient rapporté de leurs foyers des germes d'indiscipline. Ce n'est pas tout : nos magasins étaient à peu près vides et on attendait des envois de Paris. Le même fait s'est reproduit partout. Il n'est donc pas étonnant qu'il ait fallu plus de quinze jours pour leur équipement.

Dans ces circonstances, les rues de*** offraient un étrange spectacle. On y rencontrait des groupes pris de boisson et chantant la *Marseillaise* à tue-tête ; ou bien c'était un colosse d'homme qui, installé sur une table et tenant une lumière à la main, récapitulait les chansons patriotiques devant un auditoire composé d'hommes, de femmes et d'enfants, dont les uns accompagnaient le chanteur et les autres riaient innocemment de ces scènes qui impressionnaient si péniblement les gens sensés. « Moins de cris, moins de chants, disait-on de toutes parts, mais plus de patriotisme. » Cette exaltation factice m'a toujours fait mal. A tort ou a raison, il me semble que c'est une manière comme une autre de s'étourdir.

Je ne cessais d'écrire ou de faire écrire. Chaque lettre envoyée m'aidait à supporter mes ennuis. A l'une d'elles le brave général Abel Douay me répondait : « Tranquillisez-vous, il y en aura pour tout le monde. » Hélas ! l'infortuné général ne croyait pas dire si vrai !

Presque aussitôt on reçoit l'ordre d'envoyer

sans délai deux cents hommes. Je fus désigné pour les conduire à Bitche, où était le bataillon. Il semble que je devais être satisfait... Mais les hommes arrivés à destination, les cadres devaient sans retard rentrer au dépôt. Tel était l'ordre formel du ministre.

Ainsi, j'étais condamné à pénétrer jusque sur le terrain des opérations militaires, à y être témoin de l'enthousiasme de mes camarades, puis à m'en retourner pour former de nouveaux contingents, travail très-méritoire, je le reconnais, mais pour l'accomplissement duquel il faut une forte dose de philosophie ou un sentiment héroïque du devoir. Aussi les nobles paroles du général inspecteur me revinrent-elles souvent à la mémoire.

III

De la caserne à la gare, nous fûmes suivis par la population tout entière. On nous embarque aux cris de : « Vive la France ! » Un coup de sifflet retentit et la vapeur nous emporte. En traversant ces belles campagnes, j'étais tenté moi aussi de leur dire adieu, car, malgré ce que je viens de dire, il y avait en moi un vague espoir de rester à l'armée. Je ne pouvais croire qu'arrivé sur le théâtre de la guerre, il ne se présenterait pas une occasion de me retenir. Que j'étais loin de songer à la plus affreuse de toutes !

A neuf heures du soir, nous arrivions à Gray, où nous devions passer la nuit en vagon. La plupart de mes soldats franchirent les barrières et se répandirent dans la ville. Je menaçai de remettre entre les mains de la gendarmerie le premier qui s'écarterait ; puis j'ajoutai quelques paroles s'adressant surtout à leur bon sens. Le lendemain, je m'aperçus d'un changement dans leur manière d'être. Je pris encore d'autres précautions : les populations se portaient en masse sur le parcours du chemin de fer, et, à chaque station, c'étaient des vases pleins de vin que les paysans distribuaient à la troupe. Tout cet élan risquait de compromettre l'accomplissement de ma mission ; aussi, sans hésiter, j'intimai l'ordre à un chef de gare de télégraphier immédiatement à toutes les stations que, si les habitants voulaient offrir quelque chose aux soldats, je n'accepterais pour eux que du café et des vivres. Je reconnus à chaque gare que mes ordres avaient été ponctuellement exécutés, et il en résulta pour mon détachement le degré de calme auquel j'étais résolu à l'amener.

Je commençais à connaître le caractère de mes hommes. C'étaient de braves gens bien intentionnés, mais ayant oublié la règle militaire. Lorsqu'à l'intelligence nos soldats sauront unir l'esprit de devoir, ils seront les plus disciplinés du monde. C'est en temps de paix qu'on peut faire une armée. Il ne faut pas dédaigner certaines pratiques qui, considérées superficiellement, peuvent sembler ridicules ou inutiles, mais qui, étudiées avec plus de soin, montrent combien elles sont nécessaires. J'espère, dans le cours de ce simple récit, en donner plus d'une preuve.

IV

Nous nous arrêtâmes à Nancy où nous attendaient les soins empressés de la société de Genève, et où j'ai pu me convaincre combien est bon ce système de tables dressées à l'avance : au premier coup de la cloche, mes soldats, tous réunis, étaient prêts à monter en vagon.

Pendant leur repas, je voulus m'assurer que ma caisse et la cantine du bataillon m'avaient suivi. Je m'aperçus bientôt de leur absence. Mais je ne pouvais faire halte. En quelques heures nous atteignîmes Saint-Avold. Il était nuit. Nous couchâmes dans les vagons. Personne en bougeait. J'en profitai pour aller demander un renseignement au chef de gare. Je vis alors que cet endroit, très-isolé, est dominé par quelques petites hauteurs couvertes d'arbres. Le chef de gare m'apprit que, la nuit précédente, les Prussiens étaient venus jusque-là pour enlever des rails. C'était peu croyable. Néanmoins, je jugeai prudent d'installer un petit poste et de donner à mes hommes des instructions en cas d'alerte. Je veillai moi-même toute la nuit, en me promenant sur la voie au milieu de la pluie.

Tout en marchant ainsi, et en considérant le lieu où j'étais, je me demandais pourquoi on laissait sans garde aucune les stations de chemin de fer, surtout celles qui se trouvent aussi rapprochées de la frontière, m'imaginant, ce que les événements n'ont que trop confirmé, qu'à notre époque les stations deviennent de véritables points stratégiques.

Je fus arraché à ces réflexions par le chef de gare qui m'annonça, avec une placidité extraordinaire, que nous avions éprouvé un échec à Wissembourg. Je fus plus étonné de l'air avec lequel il m'apprenait cet insuccès que de l'insuccès lui-même, car, déjà à ***, comme l'attestent mes notes, je ne m'expliquais pas qu'on eût laissé si dégarnie la ligne de Wissembourg à Lauterbourg. Cette nouvelle m'impressionna péniblement, sans que je lui accordasse une entière créance.

V

Le jour vint. Nous partîmes pour Sarreguemines où je devais recevoir de nouveaux ordres. Le train allait avec une lenteur désespérante. Nous n'arrivâmes qu'à six heures. Je m'informai, à la gare, où se trouvaient des intendants. Personne n'avait d'ordres pour mon détachement, et personne ne semblait disposé à m'en donner. J'attendis jusqu'à neuf heures. J'avais envoyé des hommes à la découverte. Deux d'entre eux avaient rencontré la deuxième compagnie de mon bataillon, placée en avant de la ville, vers la frontière. Ils m'apprirent que cette compagnie devait aller rejoindre le bataillon et se mettre en route à midi. Je résolus d'aller me joindre à elle, et me voilà en pleine armée et au milieu de la brigade Lapasset, détachée momentanément du cinquième corps d'armée dont mon bataillon faisait partie ! A tout instant, je craignais qu'on ne me dît de m'en retourner. Régulièrement cela ne se pouvait, car, chef de détachement, ma mission n'était remplie qu'au moment où je remettais ma troupe entre les mains du chef de corps. Le général me donna l'ordre de me réunir à la deuxième compagnie.

On ne partit pas à l'heure indiquée. J'étais loin de m'en plaindre. Mes pressentiments se vérifiaient. Tout était changé. Les mouvements des Prussiens faisaient replier toute l'armée en arrière de Sarreguemines. On nous fit camper sur les hauteurs qui dominent la ville, dans une positon fort belle d'où l'on voyait briller les rares feux de l'ennemi.

Je ne me sentais pas de joie de rester. Les détails de la vie des camps avaient pour moi un attrait tout nouveau. Ce n'étaient plus ces tentes immenses du camp de Châlons où l'on a des cuisines abritées: mais là, c'était le bruit du vrai camp, le mouvement perpétuel des feux allumés de tous côtés, et autour desquels les soldats préparaient leurs repas.

Après m'être réconfortés, je descendis en ville avec un de mes camarades, pour renouveler nos provisions. Il était dix heures du soir. En passant près d'une maison, j'aperçus un groupe de six à sept hommes qui, à notre approche, se dirent : « Chut ! chut ! » Évidemment nous étions entourés d'espions.

Je profitai de cette course pour me pourvoir du strict nécessaire. Nous remontâmes bientôt après, et je passai ma première nuit sous la tente des officiers de la compagnie. Je dormis avec la tranquillité d'un homme de mon âge, ne soupçonnant pas l'étendue de nos malheurs !

VI

Le lendemain, je fus réveillé par le bruit de tous les clairons et tambours qui, dans chaque corps, sonnaient le réveil. C'était indiquer à l'ennemi nos positions, et de plus, comme ces régiments sonnaient presque tous les uns après les autres, c'était lui fournir le moyen de nous compter.

Tout à coup, une horrible nouvelle circule dans le camp. La veille, à cinq heures, le corps d'armée Frossard a été battu à Forbach ! Dès sept heures du matin, nous battons en retraite. La brigade Lapasset est la dernière. Je flanque avec des tirailleurs la batterie à laquelle nous sommes attachés et qui marche en queue de colonne.

Cette nouvelle me brisa l'âme ; nos souffrances commençaient. On nous fit arrêter en arrière de Sarreguemines, afin de laisser passer le corps d'armée du général Frossard et couvrir sa retraite. Placés sur les pentes des collines, nous lui laissions le chemin libre. Il me fit l'effet d'être non en retraite, mais en déroute. Les premiers régiments étaient assez en ordre, mais après eux, ce fut un pêle-mêle effrayant d'hommes de toutes armes, suivant lentement la route et tellement éparpillés qu'on aurait cherché en vain même un groupe. Au milieu d'eux passaient soit des charrettes, soit des pièces d'artillerie. Tous ces soldats avaient l'air abattu, découragé, quelques-uns rempli de colère. Et il en passait, il en passait toujours! Il semblait que ce triste défilé ne pût prendre fin, lorsque le 12e bataillon de chasseurs vint se reposer un instant près de nous; il était beau, lui, et tout en ordre. D'où venait cette différence que j'ai remarquée dans toute la campagne? Les bataillons seraient-ils mieux commandés, ou bien leur organisation faciliterait-elle le commandement?

VII

Les chasseurs partirent. Nous restâmes seuls en face des derniers vestiges de la défaite. Mais c'était de plus en plus triste, les plus fatigués venant les derniers. Ceux-ci s'arrêtaient par groupes de quatre ou cinq, se couchaient sous des arbres, déclarant ne pouvoir plus marcher. Nous avions beaucoup de peine à les décider à se remettre en route. Combien ont dû se laisser prendre par les Prussiens ! Mais ce qui m'émut le plus, ce fut un capitaine d'infanterie venant nous demander un morceau de pain ! Pauvres gens !... Tout ce monde me paraissait frappé de stupeur. Pourquoi tant de crainte, ne les avons-nous pas battus jadis et bien autrement ? murmurai-je.

Je ne savais que penser de ce mouvement de retraite, ne pouvant pas me rendre compte du mouvement général. Je répondais à mes hommes, qui m'interrogeaient, que c'était pour attirer l'ennemi à notre suite et que deux armées allaient se rabattre de chaque côté sur lui. J'étais sincère, car je croyais, et nous croyions tous nos forces bien plus grandes. Ignorer le but des mouvements quand on est vainqueur, ce n'est rien. Mais quand on se retire, cela donne une inquiétude mortelle. Toutes les hypothèses possibles prennent naissance dans votre cerveau et il faut un moral assez fort pour chasser ces idées et conserver, du moins devant la troupe, le calme indispensable à l'officier, car les soldats ont constamment les yeux fixés sur lui.

VIII

Enfin, le lamentable défilé cessa ; il y avait sept longues heures qu'il durait. Notre brigade se mit en marche à son tour, avec les mêmes dispositions. La route, à cet endroit, est élevée. A sa droite, on remarque un ravin assez profond, dont les versants présentent une riche culture. Derrière nous la ville et ses collines, sur lesquelles on voyait déjà poindre quelques cavaliers ennemis. On me fit descendre dans le ravin avec mes flanqueurs, et nous ne tardâmes pas à entendre siffler quelques balles. Comme on le voit, les Prussiens ne perdaient pas de temps. J'envoyai de mon côté quelques hommes sur la crête opposée, avec l'ordre de tirer sur des hommes couverts de blouses bleues toutes neuves, comme me l'indiquait ma lorgnette, et qui, épiant notre mouvement, tantôt sortant du bois, tantôt y rentrant, me firent l'effet d'être des espions. Je ne me trompais pas, car tout le long de la route nous fûmes suivis par eux, non sur les chemins mêmes comme faisaient les braves jeunes gens qui fuyaient l'ennemi, de peur, disaient-ils, d'être enrôlés par lui, mais sur le flanc, à bonne distance et toujours sous bois.

La marche continua ainsi, régulière et en ordre jusqu'à Hettwiller, où l'on nous fit camper. Nous étions très-las et humiliés d'être obligés de céder à l'ennemi ce sol que nous étions venus défendre. Notre batterie et le soutien furent placés entre la route et le village, qui est situé sur une hauteur. Au pied de la colline croupissaient des eaux, où hommes et chevaux se désaltérèrent.

A notre approche, les habitants du village s'étaient enfermés dans leurs maisons. Je dus faire enfoncer la boutique d'un boulanger qui ne voulait pas donner du pain à mes hommes, quand sa boutique en était suffisammment pourvue. C'est ainsi que se sont conduits ces paysans de la Lorraine allemande. Ils refusaient à nos prières ce qu'ils allaient accorder une demi-heure après aux menaces des uhlans. Tous les officiers, avec lesquels j'ai parlé depuis, m'ont tous, sans exception, révélé des faits analogues qui se sont produits en pleine France.

Après notre repas, nous fîmes nos dispositions pour la nuit. Elle était belle. Tout était si calme qu'on avait peine à comprendre que ce beau dôme couvrît les terribles scènes des luttes humaines. Il me semble que nulle part je n'ai dormi aussi paisiblement que dans ce champ où pourtant je n'avais pour couche qu'un tas d'herbes fraîchement arrachées.

IX

Dès l'aurore, on leva le camp. Les paysans sortirent alors de leurs demeures pour recueillir ce que nous avions pu abandonner. Mais, au moment où la batterie allait quitter cette position, nous apercevions, à dix-huit cents mètres environ de nous, des uhlans caracolant avec insolence et le cigare à la bouche. Quelques coups de fusil mirent vite un terme à leur bravade ; le cheval de l'un d'eux fit un bon extraordinaire. Nous ne les vîmes plus reparaître.

Nous nous mettons en marche. Le long de la route, on arrête plusieurs espions. Il faut être dépourvu de tout sens moral pour faire un métier aussi infâme.

Nous arrivâmes à Puttelange, où nous fîmes halte quelques instants. La vue de ce village me serra le cœur. Tous les jeunes gens en étaient partis. Il ne restait absolument que des vieillards et des femmes. Celles-ci, tout en pleurs, prenaient à la hâte ce qu'elles avaient de plus précieux. C'étaient des cris déchirants. Ceux-là, la tête tristement inclinée, nous regardaient passer d'un air hébété, quelquefois de reproche. Ils semblaient nous demander compte de notre abandon. Quelle affreuse chose! Ce village, très-considérable, devait, en temps ordinaire, être un charmant village ; et maintenant, ce n'était que désolation, abattement, avec le désordre qu'entraîne une désertion précipitée. Ainsi, chaque jour apportait sa part d'émotions et de douleurs... Qu'étaient devenus nos joies, notre enthousiasme ?

X

Nous atteignons Hellimer vers midi. On nous fait camper dans un endroit entouré de petites élévations, en arrière et sur les flancs, et fermé du côté de l'ennemi par le village. On a choisi cette position, me dit-on, parce qu'il y avait là un abreuvoir pour les chevaux. Comme par instinct, les soldats en manifestaient de l'inquiétude. Il me semble qu'il eût été préférable de s'installer sur les mouvements élevés du terrain. De là, nous commandions le village et ses abords, et les chevaux pouvaient en toute sécurité aller s'abreuver dans le bas. Ce qui va suivre serait-il arrivé sur un terrain découvert ?

Vers une heure de l'après-midi, et pendant que nous organisions notre camp, des charretiers, en assez grand nombre, sortent tout à coup du village au grand galop de leurs chevaux qu'ils frappent avec épouvante, en criant : « Voilà les Prussiens ! voilà les Prussiens ! » La route partageait notre camp juste en deux, et comme les maisons du village le limitaient du côté de l'ennemi, on ne put se rendre compte de rien, à cause de cette brusque apparition. Le trouble fut grand parmi nous. On saute sur les armes, les réserves d'infanterie perdent la tête et se mettent à tirer dans tous les sens, risquant d'atteindre beaucoup des nôtres. Quant à mes hommes, qui se trouvaient sur le bord de la chaussée et à l'entrée du village, ils ne surent rien faire de mieux que de se pelotonner derrière moi. La plupart n'avaient pas même pris leurs fusils. Ceux qui avaient eu cette présence d'esprit n'imitèrent heureusement pas les réserves d'infanterie.

Ne sachant pas si l'ennemi venait ou non, et comprenant le danger d'une pareille situation, surtout pour des troupes placées en première ligne, je me tourne vers mes hommes, en leur ordonnant de se ranger derrière les faisceaux et de s'établir ensuite, partie sur les berges de la route, partie derrière et au coin de la dernière maison du village. Mais ils ne m'entendaient pas. Alors, tirant mon revolver de ma ceinture, je les menaçai de faire feu s'ils ne m'obéissaient pas. C'est de cette manière que je parvins à leur faire prendre leurs armes, et surtout à faire diversion au sentiment qui les paralysait. Tout cela, bien entendu, ne dura qu'un instant. Mais, je m'en souviens, la vue de mes hommes ainsi affolés me rendit bientôt le sang-froid qu'avait un moment ébranlé cette panique.

Que conclure de tout cela ?

1° Nous ne nous gardons pas d'assez loin ; et, quand on le fait, il serait peut-être bon que la troupe le sût ;

2° Il est imprudent de faire camper la troupe dans un bas-fond. Si nous avions été sur les hauteurs, nous aurions vu de loin ce dont il s'agissait. C'est l'histoire d'un homme qui s'effraie de la soudaine apparition d'une personne, au moment où il veut franchir une porte ; l'entrée du village a joué pour nous le rôle de la porte.

XI

La journée devait être complète. Vers sept heures du soir, on apprit qu'à quatre kilomètres de nous campait un corps de dix mille Prussiens. Notre simple brigade se trouvait en arrière-garde et à sept kilomètres du corps d'armée.

Le général Lapasset fit preuve dans cette circonstance d'un grand esprit de décision. Ses ordres ne se firent pas attendre. Le camp ne devait se lever qu'à minuit, pour ne pas donner l'éveil à l'ennemi. En même temps, grâce à la fameuse panique du jour, il détacha toutes les réserves pour leur confier la garde du convoi, qui devait se mettre en marche une heure d'avance, sous les ordres du lieutenant-colonel Charmet, du 84e de ligne. Mon détachement subit le même sort, après avoir versé soixante des plus anciens soldats à la deuxième compagnie et je fus placé, avec les cent cinquante autres, en tête du convoi, maudissant les réserves qui me faisaient mettre ainsi au second plan.

La nuit était affreusement noire. Une pluie battante avait détrempé le sol et rendait tout plus difficile à exécuter. D'autre part, elle diminuait le bruit des roues de voiture, bruit qui s'entend de fort loin. Nous restâmes une bonne demi-heure sur la route avant que le convoi pût se mettre en mouvement. On comprend s'il est aisé, par un temps preil, d'organiser un convoi long de près de deux kilomètres !

De son côté, le général Lapasset prenait des mesures défensives qui ont été fort appréciées par les personnes compétentes ; et il faut le dire, sa situation était des plus critiques, car ces dix mille hommes, si près de nous, pouvaient nous atteindre et jeter la confusion dans nos rangs. On avait eu raison pourtant de nous placer aussi loin, ce que, par excès de prudence, on n'a pas toujours pratiqué dans cette campagne.

Je ne dirai pas toutes les réflexions qui sont venues m'assaillir durant cette pénible marche.

Les réserves sont une bien mauvaise institution, me disais-je ; elles reçoivent une instruction illusoire et n'ont pas le temps de s'assouplir à la discipline. On ne peut compter sur un homme rendu à ses foyers que s'il a reçu une éducation militaire assez complète pour résister aux mauvaises influences.

D'autre part, pourquoi n'imiterions-nous pas nos ennemis en envoyant au loin des cavaliers ? C'est pourtant bien simple ; et lors même que nos cavaliers n'auraient pas été dressés au service d'éclaireurs, est-il bien difficile de dire à un officier de cavalerie : « Monsieur, vous allez vous porter à une lieue de mes avant-postes ; vous vous relierez à eux par des cavaliers isolés qui parcourront la distance qui vous sépare, et vous enverrez à une lieue en avant des groupes de deux cavaliers auxquels vous recommanderez de fouiller bois et habitations, de ne pas combattre et de revenir avec toute la vitesse de leurs chevaux vers vous, pour vous rendre compte de leurs observations que vous communiquerez immédiatement aux avant-postes, qui, à leur tour, les transmettront au corps d'armée. » Qu'ont à craindre ces deux cavaliers ? Je sais, par expérience, qu'il est très-difficile d'atteindre avec un fusil, même en tirant sur appui, un cavalier placé à dix-huit cents ou deux mille mètres. Et dans tous les cas, ne vaut-il pas mieux exposer quelques hommes que des corps entiers, comme nous l'avons vu journellement ?

Ces considérations me firent surveiller mes hommes avec plus d'attention que jamais. Ils marchaient avec ordre de chaque côté du convoi. Je n'approuve pas cette manière d'opérer par trop fatigante d'ailleurs. Ne vaudrait-il pas mieux couper le convoi en plusieurs parties séparées par des fractions de la troupe d'escorte ? En effet, les voitures ne suivent pas toujours exactement le milieu. La route n'est pas toujours également large. Il s'en suit que les hommes sont exposés à descendre dans le fossé ou à passer dans les terres labourées. D'un autre côté, dans certains cas, il peut être fort désavantageux d'avoir la moitié de sa troupe de l'autre côté des voitures.

XII

La pluie cessa. Mais la nuit était toujours très-sombre. Sur ces entrefaites, nous arrivâmes à une bifurcation de la route. Nous ne savions plus où poursuivre, lorsque, dans l'obscurité, j'aperçus une borne, sur laquelle je pus à grand'peine lire *Saint-Avold*. Cette inscription suffit pour nous mettre sur la voie. Tout à coup, je suis arrêté par le cri de « Qui vive ! » J'avais beau expliquer à la sentinelle que je n'avais pas le mot, que c'était le convoi du deuxième corps, que nous battions en retraite, etc., tout fut inutile. Le colonel, qui était allé s'assurer que le convoi marchait en ordre, étonné de cet arrêt, revint vers la tête. Grâce à lui, nous pûmes continuer. Il attendit de nouveau la queue du convoi. Peu après, je fus de nouveau arrêté, cette fois par une grand'garde ; le colonel fut obligé de revenir pour nous faire passer. Enfin, nous rencontrâmes, à droite et à gauche de la chaussée, des camps français, dont les feux nombreux nous rassurèrent. Je ne sais quels étaient ces corps. Mais il était évident que toute l'armée se concentrait sur Metz. Ainsi nous était révélée toute l'étendue de notre défaite ! Non-seulement à Wissembourg, à Forbach, mais à Wœrth, nos intrépides soldats avaient dû se replier devant des forces triples, quadruples.

Le jour ne tarda pas à venir froid et humide. C'est dans ces conditions que s'est effectuée notre marche. Depuis la veille, à cinq heures du matin, nous étions debout. Il y avait trente-six heures que nous n'avions pris de repos. Pour ma part, j'avais fait encore plus de chemin ; car, tenant essentiellement à voir mes hommes marcher en ordre et ne permettant qu'aux plus fatigués de mettre leur sac sur les voitures, je ne faisais qu'aller de la tête à la queue de ma colonne. Néanmoins, vers la fin de cette longue étape, voyant mes hommes fléchir, je pris sur moi de rompre l'ordre de marche. Je formai mon détachement en masse, tout à fait en tête du convoi. et je forçai ces malheureux à chanter leurs chansons de route. Ils m'obéirent d'abord tristement, mais bientôt l'influence du chant se fit sentir en eux et ils marchèrent mieux que jamais. En les voyant, le colonel ne put s'empêcher de s'écrier : « A la bonne heure, voilà des troupes ! »

XIII

Nous ne sommes arrivés à Remilly qu'à cinq heures du soir. La brigade campait à Miraucourt. A la fin, succombant à la fatigue, j'allais comme un homme ivre. Dans toute cette journée, nous n'avions fait qu'une halte de vingt minutes, et encore pour prendre quelque nourriture.

Le lendemain 10 août, nous nous remettions en marche pour Villers-Laquenexie, où nous arrivions à onze heures du matin. La désolation était au comble chez les paysans qu'on dépouillait sans pitié. Mais quand des gens se permettent de demander cinq francs d'une volaille que les Prussiens prendront pour rien après vous, est-on bien coupable d'en agir ainsi ?

La position de Villers-Laquenexie commande tout le pays en avant. Nous étions littéralement dans la boue. Nous nous installions à peine qu'on nous donna l'ordre de former des corvées de travailleurs. On s'attendait à une attaque pour le lendemain. Nous mîmes le village en état de défense, en travaillant toute la nuit au milieu de la pluie. La mise en état de défense de la position fut bien comprise. Mais ce n'était qu'une fausse alerte. Nous continuâmes notre retraite.

Au bout de quelques pas, j'aperçus un dragon couché sur le ventre, dans un champ fraîchement labouré. Étonné de le voir immobile, je m'approchai avec quelques hommes, et ayant remarque que le pauvre homme avait la figure presque ensevelie dans la terre et qu'il subissait un commencement d'asphyxie, nous le mîmes sur le dos. Que de souffrances ignorées à la guerre !

Enfin, vers midi, nous arrivons au camp sous Metz, où nous campons à Mercy-le-Haut, tandis que la brigade s'établit à la Haute-Bévoie. J'étais tout étourdi de me trouver devant cette ville! non pas que j'ignorasse, comme messieurs les Allemands pourraient le croire, que la direction suivie jusqu'alors y conduisît; mais je ne pouvais que m'attrister, en regardant sur ma carte le chemin qu'au lieu de la franchir nous avions fait en deçà de la frontière !

XIV

Ce ne fut que le lendemain que notre brigade vint camper près de nous. Ainsi se terminait cette retraite de quatre jours pleine d'anxiétés et de périls, et durant laquelle les habiles dispositions du général Lapasset avaient peut-être sauvé le deuxième corps d'une ruine certaine. Avec quel bonheur je revis mes camarades! Hélas! ce fut de courte durée. On se méfiait toujours des réserves. Aussi les fit-on entrer dans Metz le lendemain, à dix heures du soir, après mille formalités à la porte. Je fus envoyé à l'esplanade où je campai avec ma troupe.

Jamais je n'oublierai l'impression que me produisit ce panorama nocturne! Le temps s'était remis au beau. Nous étions placés sous les arbres si touffus des allées de l'esplanade. A nos pieds et à une assez grande profondeur, la Moselle, dessinant une courbe des plus gracieuses et dominée sur l'autre rive par les hauteurs de Saint-Quentin et de Plappeville couronnées de forts, allait se perdre dans les vapeurs de la vallée. Au-dessous de la terrasse où j'étais, la fortification, plongée dans l'ombre, s'étageait jusqu'à moi. Dans ses angles obscurs scintillait de temps en temps la lame d'une baïonnette. L'atmosphère était d'un calme et d'une limpidité admirable, et la clarté languissante de la lune répandait sur tout ce paysage un air de mystère qui, dans un autre moment, eût été pour moi d'un charme inexprimable. Tout au loin, l'horizon présentait des bandes d'un bleu sombre, produites sans doute par les forêts qui couvrent une grande partie du pays. A droite, on apercevait la ville aux maisons pressées les unes contre les autres et jetées sur les deux rives du fleuve.

Je subissais malgré moi l'influence de ce beau spectacle. Mais je ne pouvais m'empêcher de faire un retour sur moi-même. J'avais désiré de toute mon âme faire cette campagne, et je débutais par une retraite, presque un désastre ! Après m'être bercé de l'illusion que nous franchirions la frontière et que, comme autrefois, nous culbuterions sans effort ces orgueilleux Prussiens, je nous voyais vaincus, refoulés sur le sol de la patrie et poursuivis par toute l'Allemagne en armes !

Qu'adviendrait-il ? Allions-nous être cernés ? Notre valeureuse armée se laisserait-elle acculer aux murs de la ville? Saurait-elle se frayer un passage pour tendre la main aux autres armées?... Se pourrait-il que Metz, vierge jusqu'à présent de tout joug ennemi, tombât entre les mains des Allemands?

Hélas! que j'étais loin de soupçonner l'avenir! Que j'étais loin de croire que ces belles campagnes seraient dévastées, qu'elles se couvriraient de tombeaux, que la voix si terrible de tous ces forts serait impuissante à les défendre!

Voici mon journal, tel que je l'ai écrit sous la tente. Tout n'y sera pas (je n'ai la prétention ni de faire de l'histoire, ni de faire de la stratégie), mais il renfermera mes impressions souvent douloureuses, quelquefois déchirantes. Je n'ai pas tout vu, je n'ai pas assisté à tous les événements, je n'ai pas tout recueilli, mais j'ai assez souffert, assez gémi sur nos malheurs pour que ma parole doive être crue et acceptée au moins comme un témoignage de mon dévouement à la patrie!

METZ

---

14 août, minuit.

Nous sommes descendus de l'esplanade pour aller camper sur le quai, devant le fort Moselle. Nous y étions à peine, que le canon a grondé sur les hauteurs de la rive opposée. Il était trois heures. Les forts de Grimont, de Belle-Croix et de Queuleu (encore inachevé) tonnaient d'une façon furieuse. L'affaire se passait près de Borny ; les Prussiens avaient le dessous.

Placé au haut de la tour de l'église du fort Moselle, je voyais tout, et mon impatience allait grandissant, quand tout à coup j'entends l'un de mes clairons sonner la marche. Je descends quatre à quatre l'escalier tournant, et me voilà courant, hors d'haleine. C'était simplement un capitaine nouvellement promu dans mon bataillon qui désirait se rapprocher du champ de bataille pour aguerrir nos réserves. Nous partons, mais hélas ! tout était fini ! La bataille, dont tout l'honneur revient au général de Ladmirault, avait duré jusqu'à neuf heures du soir.

15 août.

De sept heures du matin à midi, reconnaissance au-delà du Sablon, sous les ordres du capitaine du génie Rossel[1]. Un détachement du 11e bataillon de chasseurs nous est adjoint. Arrivés à une espèce d'ouvrage en terre inachevé, le capi-

[1] Le même qui s'est rendu si tristement célèbre dans l'insurrection de la Commune de Paris.

taine Rossel me charge d'aller reconnaître la ferme de la Horgne, située près de là, et me dit d'un ton des plus solennels : « Allez, Monsieur, faites-vous tuer s'il le faut, mais tâchez de nous revenir. » A ces mots, j'avoue que j'ai failli partir d'un éclat de rire que j'ai dû pourtant contenir à cause du sérieux de sa physionomie. Je choisis aussitôt, et en silence, quelques-uns de mes hommes, et je me dirige sur la ferme, en suivant la bissectrice du secteur, sans feux. Mes soldats me suivent à pas de loup. Arrivé au coin de la ferme, je tourne brusquement à gauche et je me présente à la porte entr'ouverte, le pistolet au poing. Une immense cour, entourée de bâtiments de toutes sortes, s'est offerte à mes regards... ; quelques chevaux abandonnés dans une écurie, mais pas l'ombre d'un Prussien. J'avoue que j'étais désappointé et qu'il me semblait qu'on m'avait fait faire une course inutile... J'occupe la ferme, et, d'un mur du jardin, je m'amuse à tirer, avec le fusil d'un de mes hommes, sur un cavalier placé à dix-huit cents mètres environ. Au deuxième coup, il s'est couché sur son cheval.

Mais c'était sans doute une tactique de sa part, le cheval a continué sa marche de va et vient. D'abord, je ne voulais pas tirer, car je suis ennemi du tir à longue portée, comme inefficace la plupart du temps. Mais cinq gardes nationaux que j'avais emmenés sur leurs instantes prières, mus par un zèle trop ardent, s'étaient mis à faire un feu d'enfer, et cela avec leurs fusils d'infanterie ancien modèle. Notre position dévoilée, j'en ai profité pour faire cet essai sur la portée et la justesse de notre arme.

Il résulte de tout cela qu'au moment où l'armée prussienne investissait la place on ne songeait même pas à s'assurer du point de la Horgne, point qui domine les villages de Montigny et du Sablon et qui se trouve à environ trois kilomètres de Metz. Il est vrai que la Horgne est sous les feux des forts de Queuleu et de Saint-Quentin. Mais on sait aussi qu'il n'est pas impossible d'établir des batteries, même dans de mauvaises conditions, la nuit surtout. Dans tous les cas, la prudence commande d'occuper un point aussi rapproché de la ville.

De retour à la lunette d'Arçon, située près de la porte Serpenoise, on me fait camper un peu en arrière de cet ouvrage. Nous commencions à dresser nos tentes, lorsqu'un capitaine d'état-major s'élance vers moi pour me dire d'occuper le chemin couvert de la lunette. Je me rends à cet ordre étonnant que je croyais émané d'en haut, et ce n'est que cinq heures après qu'un général, passant par là, vint rectifier cette grossière erreur en me faisant reprendre ma première position !

A sept heures du soir, je dînai avec les officiers du génie. Il y avait près de quarante-huit heures que je n'avais mangé d'une façon sérieuse, et encore ne me laissa-t-on pas finir. A sept heures et demie, je pars avec mon détachement pour Montigny-lès-Metz que nous occupons comme grand'garde, pendant toute la nuit, avec une compagnie du génie placée à notre gauche.

Voilà, j'espère, une journée assez bien remplie, sinon bien employée.

Montigny, 16 août.

Pendant la nuit dernière, voulant reconnaître mes avant-postes avec le commandant du génie et d'autres officiers, il nous est arrivé une singulière aventure. Nous avions déjà visité l'emplacement de deux de ces postes et nous suivions la route qui conduisait au troisième, lorsque, arrivés à mi-chemin, nous recevons une décharge. A la lueur du feu, j'avais aperçu environ quatre hommes à genoux sur la voie. Je ne pouvais m'expliquer ce fait, étant persuadé que mes hommes avaient suivi cette direction. J'en étais là de mes réflexions, lorsque je reçois une deuxième décharge ! Je me retourne, j'étais seul, c'est alors seulement que j'ai songé à me jeter de côté et à regagner ma grand'garde. Ce matin, j'ai eu l'explication de cette méprise. C'était tout simplement un avant-poste de sapeurs du génie qui, sous l'influence de la boisson, s'étaient trompés de direction et nous avaient pris pour des ennemis. Tout cela n'arriverait pas si les soldats étaient plus sobres, si l'on prenait plus de soin dans l'établissement des gardes et si l'on choisissait les hommes qu'on envoie aux avant-postes. Chaque chef de grand'garde devrait avoir non-seulement une carte générale du pays, comme tout officier d'ailleurs, mais encore un plan détaillé de l'endroit où il est, avec les noms des chemins qui y aboutissent et des lieux d'où ils viennent. De cette façon, un officier serait en état de se rendre compte de l'importance de son poste et éviterait toute erreur.

Nous sommes toujours à Montigny, mais dans la partie la plus rapprochée de l'ennemi, à plus de trois kilomètres de Metz. On entend le canon sur les hauteurs, en face de moi, mais assez loin ; cela paraît être une bataille bien acharnée [1]. Dieu veuille que nous les brossions ferme ! Encore une où je ne suis pas, fatales réserves !

[1] Gravelotte, 16 août 1870, appelée Mars-la-Tour par les Prussiens.

Montigny, 17 août.

La nuit est calme et belle. Les Prussiens sont battus et ont fait des pertes énormes. A la fin de la journée, le désordre commençait à se produire dans leurs rangs. Pourquoi ne les a-t-on pas poursuivis ? L'armée entière comptait aller à Verdun. Je ne comprends pas pourquoi une armée aussi considérable que la nôtre reste sous Metz. Après tout, c'est peut-être pour empêcher l'ennemi d'aller plus loin.

Montigny, 18 août.

Je suis chef absolu de la partie du village que j'occupe. Mon empire s'étend des ateliers à la Moselle et en arrière. C'est une vaste ligne formée par une voie ferrée en remblai qui aboutit d'un côté au viaduc dont on a fait sauter deux arches, et de l'autre passe à niveau des ateliers pour se diriger sur Metz. Je suis constamment aux avant-postes pour voir si mes dispositions sont bonnes. Je les modifie quelquefois, à mesure que mon terrain me devient plus familier. Il faut dire que personne ne s'est donné la peine de conseiller un officier aussi novice que moi dans toutes ces questions, au moins au point de vue pratique. On a l'air d'oublier que je suis en grand'garde. Mon point faible me semble être les ateliers, car là, je n'ai plus la barrière que m'offre la ligne du chemin de fer. De plus, à environ deux cents mètres, se voit une redoute ébauchée que je devrais bien occuper ; j'en demanderai l'autorisation.

Au moment où j'écris, une heure de l'après-midi, une bataille[1] s'engage sur les hauteurs de Rozériculles. Il me semble voir des incendies dans les bois. L'affaire est chaude. J'aperçois des colonnes prussiennes qui en reviennent par la

[1] Bataille de Saint-Privat, 18 août 1870, appelée Gravelotte par les Allemands. La perte de ces derniers s'est élevée à vingt-cinq mille hommes.

rive gauche de la Moselle, mais trop loin de moi pour leur faire tirer dessus.

La bataille est finie. Quel en est le résultat ?... Et moi qui suis toujours là, oublié pour ainsi dire, et cela parce que j'ai des réserves. Il fallait les encadrer ces réserves et non s'en séparer. Il y a dans Metz assez de gardes mobiles qui ne demandent qu'à nous remplacer dans nos positions. Quelle idée d'enfermer de l'armée active dans les murs, quand on a de la garde mobile qui ne fait rien !

A chaque instant, on m'amène des espions ou des gens suspects. J'ai fait déjà quelques bonnes prises, d'après l'avis que je reçois de la place. Il n'y a qu'une chose qui me soit pénible, c'est cette absence complète de nouvelles, soit du reste du pays, soit des miens. Rien, absolument rien ! Le champ reste ouvert à toutes les conjectures !

Le général ne veut pas que j'occupe la redoute : il a tort, je crois.

Montigny, 19 août.

On prétend que le maréchal Bazaine n'était pas à Saint-Privat le 18. Si c'est vrai, cela témoigne d'une singulière indifférence. La journée a été indécise.

Mes chasseurs ont fait ce matin leur premier feu utile. Trois uhlans blessés. J'ai le sabre de l'un d'eux. J'ai fait transporter le pauvre diable à Montigny où il est mort deux heures après. C'était un maréchal des logis. Les deux autres sont parvenus à se sauver.

L'événement est venu justifier aujourd'hui mes appréhensions au sujet de la redoute inachevée et placée à deux cents mètres de mon poste de gauche, aux ateliers. Vers une heure de l'après-midi, j'entends une vive fusillade sur ma gauche. Les balles pénètrent dans le village. La population fuit. Un des hommes du poste attaqué accourt vers moi et m'annonce qu'un parti ennemi s'est jeté dans la redoute. J'assemble mes hommes. Les nombreux ouvriers occupés aux ateliers en sortent et répandent l'alarme par leurs cris. On veut me donner des indications qui me retardent. N'ayant que des réserves, je n'étais pas tranquille. Je laisse la moitié de mon monde sur la place du village pour servir de point de ralliement à mes avant-postes, le cas échéant. Avec le reste, je m'élance au pas de course. Un signe me fait comprendre de mes hommes. Ils se mettent à plat-ventre en arrière du remblai du chemin de fer, à droite du poste attaqué, menaçant ainsi les derrières de l'ennemi. Le feu devient très-vif; il dure une demi-heure. Les Prussiens battent en retraite, accompagnés par la mousqueterie. Ils étaient deux cents environ et quelques cavaliers les protégeaient au loin. Nous les remplaçons aussitôt dans la redoute où ils laissent dix des leurs. Point de pertes de notre côté. Je m'établis dans l'ouvrage en terre et je renforce le poste de gauche. Le parapet du pont du chemin de fer est criblé de balles.

Je voyais le feu pour la première fois ; je pouvais perdre la tête et par conséquent être coupé, enveloppé, pris. Autre chose est d'aller au feu pour la première fois sous le commandement d'un autre et d'y aller pour la première fois en commandant soi-même.

Les habitants, comprenant le service que nous venions de leur rendre, nous en ont exprimé leur vive satisfaction. L'un d'eux avait reçu une balle en plein mollet. Mes chasseurs sont tout enivrés de leur petit succès.

J'envoie mon rapport au commandant du génie qui a la direction générale des postes de ce côté de Metz.

Montigny, 20 août.

Visite du général de Verkly. Je lui rends compte de l'événement d'hier. « Pourquoi ne m'avez-vous pas envoyé votre rapport ? » me dit-il : je réponds que je l'ai adressé à mon chef direct, le commandant du génie, et que, sans doute, il le lui transmettra. « C'est bien, dit-il, je vous fais mes compliments. »

Je viens de recevoir l'ordre général suivant :

OFFICIERS, SOUS-OFFICIERS ET SOLDATS DE L'ARMÉE DU RHIN,

Vous venez de livrer trois combats glorieux dans lesquels l'ennemi a éprouvé des pertes sensibles et a laissé entre vos mains un étendard, des canons et sept cents prisonniers.

La patrie applaudit à vos succès.

L'empereur me délègue pour vous féliciter et vous assurer de sa gratitude ; il récompensera ceux qui ont eu le bonheur de se distinguer parmi vous.

La lutte ne fait que commencer ; elle sera longue et acharnée, car quel est celui de nous qui ne donnerait la dernière goutte de son sang pour délivrer le sol natal ? Que chacun de nous, s'inspirant de l'amour de notre chère patrie, redouble de courage dans les combats, de résignation dans les fatigues et dans les privations.

Soldats ! n'oubliez jamais la devise inscrite sur vos

aigles : « Valeur et Discipline, » et la victoire est assurée, car la France entière se lève derrière vous.

Grand quartier général du Ban Saint-Martin, le 20 août 1870.

Le maréchal de France,

Signé : BAZAINE[1].

Montigny, 21 août.

A part les préoccupations de la guerre, je me sens presque heureux ici. Une bonne vieille femme, du nom de Godart, fait ma cuisine. Elle me soigne comme une mère son enfant. Je jouirais d'une paix complète en face du beau paysage qui m'entoure, si je n'avais le cœur navré par tout ce qui se passe. La population est exaspérée de ce qu'on ne l'arme pas. Notre ville de Metz est maintenant cernée ; point de communications. Depuis le 4 août, jour de mon départ, je n'ai pas

[1] Quand on rapproche de ces paroles si fières le terrible dénouement qui nous attendait, comment ne pas s'abandonner aux plus tristes réflexions ?

encore reçu de nouvelles de mes chers parents !

D'un autre côté, les Prussiens se conduisent en barbares. Ils incendient les villages, après s'être servi, pour camper, des matelas, paillasses, etc., qu'ils abandonnent ensuite en plein champ. Leurs réquisitions sont d'une dureté inouïe, et, chose sans nom, ils achèvent nos blessés, tandis que nous soignons les leurs.

Pauvre France !

On accuse fortement le général *** de trahison. Je tiens de témoins oculaires que, pendant la babataille de ***, il dînait tranquillement avec le maire, à une demi-heure de distance du champ de bataille où il ne s'est rendu que le soir, à la fin de l'action. Quoique l'hésitation soit permise avant de porter une semblable accusation, il est néanmoins incompréhensible qu'un général, dont le corps est si près de l'ennemi, s'en écarte pour aller dîner, et surtout qu'il ait l'oreille assez dure pour ne pas entendre le canon.

Il paraît que mon détachement fait partie du 2e bataillon de Metz : on en a formé quatre sous cette dénomination avec les détachements qui n'ont pu rejoindre leur corps.

Le Sablon, 23 août.

Nous avons quitté Montigny que nous avons cédé à toute une division. Nous sommes campés à la droite et à la gauche de la lunette du Sablon en avant du village de ce nom.

Montigny, 26 août.

Revenus à Montigny, mais plus près de Metz que la première fois. Les ordres se donnent toujours très-mal ou ne se donnent pas. Les généraux, même dans des circonstances aussi graves, semblent plus préoccupés de l'effet qu'ils produisent que de leurs devoirs. Il ne font rien par eux-mêmes, tandis qu'ils devraient toujours être sur pied.

Notre position est des plus affligeantes. Point de nouvelles et cela d'une façon absolue. C'est à se croire retranché de l'humanité.

Metz est dans une pénurie de vivres telle, que la livre de beurre coûte déjà sept francs, le sucre, deux, et tout à l'avenant. Il n'y a plus que du tabac en feuilles.

Je viens d'apprendre, d'une façon certaine, que mon brave ami Sarraillh a été blessé et transporté à l'un des hôpitaux de Metz. Il a reçu une balle en pleine poitrine, à la bataille de Gravelotte. On dit qu'il va mieux. Je suis désolé de ne pouvoir aller le consoler. Je le connais, il en aurait tant besoin ! Il y a des moments où l'accomplissement du devoir est bien dur.

On vient de mettre l'ennemi en fuite devant le fort Saint-Julien.

Je ne suis pas triste, et il y aurait pourtant de quoi l'être. L'ennemi est en France, et mes pauvres parents !... Je suis sans nouvelles d'eux, et eux sans nouvelles de moi !

Le Sablon, 23 août.

Reçu enfin l'ordre de rejoindre la deuxième compagnie. La brigade est campée au Sablon. Je me sens revivre. Je fais partie de la véritable armée !

Montigny, 26 août.

Mon détachement et la deuxième compagnie sont fusionnés et forment une compagnie organisée à l'instar des compagnies prussiennes, en deux pelotons, avec un capitaine commandant. C'est le capitaine Loste [1] qui reçoit ce commandement.

[1] C'est le frère du colonel Loste qui, quoique marié, s'est mis à la tête des francs-tireurs du Rhône et s'est fait tuer à l'affaire de Nuits.

Notre position est la suivante : en face de nous, la voie du chemin de fer qui, partant de Metz, ne forme plus qu'une ligne droite en pente, depuis notre camp jusqu'à une faible distance du village de Peltre. C'est une étendue d'environ deux kilomètres. A gauche de la voie, notre camp, garanti par un mouvement de terrain. A droite, la redoute de la Horgne, à laquelle on travaille activement. Un pont, jeté sur le chemin de fer, fait communiquer la redoute avec le mouvement de terrain qui nous couvre.

Ce soir, pendant que je me promenais avec mes camarades, un roulement bizarre se fait tout à coup entendre. Nous ne pouvons, à cause de l'obscurité, nous rendre compte de ce que c'est, lorsque quatre vagons viennent s'arrêter à hauteur de notre camp, en même temps qu'une forte odeur d'eau-de-vie se répand partout. Nous nous approchons avec précaution de ces nouveaux venus. Une lanterne prise à une baraque abandonnée est allumée et nous sert à lire les inscriptions des wagons et à nous assurer de leur contenu. Ils étaient destinés à l'armée du général

Steinmetz. Nous n'avons trouvé dedans que des biscuits moisis, de très-beau riz et des tonneaux pleins d'eau-de-vie, à laquelle, malgré l'attrait des spiritueux pour nos soldats, personne ne touche, car nous croyons nos ennemis capables de tout.

On a fait beaucoup de conjectures à ce sujet, mais je crois que ces wagons ont été simplement poussés par un autre train, et que, engagés sur la pente, les Prussiens ne se sont pas souciés d'aller les arrêter.

31 août.

Nous quittons notre camp à cinq heures du matin. Toute l'armée prend position en avant du fort Saint-Julien, sur les routes de Sarrelouis et Sarrebruck. C'est là que, le 26, s'était opérée une reconnaissance sans résultat, et c'est près de là qu'est le champ de bataille de Borny. Notre compagnie et la batterie se placent un peu en arrière et à gauche de la ferme de Belle-Croix. Quelques escarmouches s'engagent devant nous, pendant que, sur notre droite, le 18e bataillon de chasseurs se couvre de gloire dans l'attaque du bois qui se trouve entre la ferme de Belle-Croix et le château de Colombey. On amène une vingtaine de prisonniers qui nous jettent, peut-être par crainte, leurs cigares et leurs gourdes. Le feu cesse de toutes parts. Nous profitons de ce repos, un de mes camarades et moi, pour aller visiter le champ de bataille de Borny.

Nous rencontrons une troupe de Juifs qui, dans toutes ces affaires, ne sont occupés qu'à ramasser tout ce qui peut se vendre, tout autre intérêt leur étant étranger.

Sur cet immortel champ de bataille, nous rencontrons des tombeaux où sont ensevelis des Français. Leurs tertres, effondrés à certains endroits, sont surmontés d'une croix faite de branches d'arbre, et sur laquelle on a placé un képi. Quelle mâle simplicité dans ces légères élévations des terres qui recouvrent tant de héros jetés là pêle-mêle! Mais il y en a un si grand nombre, qu'on ne tarde pas à les regarder presque avec indifférence, tant on finit par se faire à l'idée de la mort. Un peu plus loin, nous apercevons des tas de boîtes à cartouches de mitrailleuses, des havre-sacs, des ceinturons, des casques prussiens, des ustensiles de campement; puis, çà et là, des cadavres de chevaux qu'on a négligé d'enterrer, ou des entrailles d'animaux toutes gonflées par le gaz de la putréfaction.

Notre attention est tout à coup détournée par la vue d'une compagnie du génie armée de pioches et de pelles, et suivie d'une batterie d'artillerie. Je me tourne vers mon camarade et lui dis : « Je parie qu'au premier coup de pioche répondra un coup de canon de l'ennemi. » Je n'avais pas achevé qu'en effet le premier coup de pioche était salué d'un coup de canon.

La bataille de Servigny s'engageait.

Nous revenons à la hâte vers l'emplacement de notre troupe; elle était déjà partie. Nous la rejoignons à grand'peine. La compagnie et la batterie s'établissent entre le bois dont j'ai parlé et le château de Colombey, dans une admirable position; nous protégeons la droite de l'armée. Il est quatre heures moins vingt minutes. L'artillerie prussienne gronde; la nôtre lui répond avec énergie. Je vois, à notre gauche et en avant, des chasseurs en tirailleurs qui s'approchent seuls jusqu'à huit cents mètres d'une énorme batterie prussienne. Un combat assez vif s'engage aussi à droite. A ce moment, je reçois au talon gauche une balle qui ne fait pas blessure. Mais l'effort principal est à gauche, au village de Servigny. L'élan de toute l'armée est prodigieux. Ce n'est qu'un roulement de tonnerre continu, auquel se mêle le bruit strident des mitrailleuses. Les Prussiens sont rejetés de tous côtés; leurs villages enflammés ; la résistance persiste encore à Servigny qui bientôt prend feu à son tour. La nuit vient. Ce village n'est qu'un vaste embrasement, au sein duquel scintillent les nuées d'étincelles que produit la fusillade, pendant que se détachent en noir des hommes qui vont et viennent. On peut ainsi de loin suivre les phases du combat. La lutte se termine à neuf heures. Trois incendies répandent leurs sinistres lueurs sur le champ de bataille.

Notre joie est au comble. Nous allons donc franchir ces lignes et donner la main à Mac-Mahon. Déception cruelle! un aide-de-camp nous apporte l'ordre de bivaquer.

La colère se manifeste chez tout le monde, officiers et soldats. Nous comptions passer. Les uns ne craignent pas de dire tout haut que l'on se fait un jeu de leur vie, puisqu'on la sacrifie si inutilement. Nous avons la victoire, disent les autres, les ennemis ont perdu toutes leurs positions, pourquoi ne pas les poursuivre et franchir leurs lignes, surtout la nuit; nous débarrasserions Metz d'autant de bouches et lui permettrions de prolonger sa défense.

Il faut en prendre son parti. Nos soldats allument leurs feux, en les masquant le plus possible. Nous partageons leur maigre repas et nous nous blottissons dans quelque coin, assez fatigués de cette journée. J'ai dormi sur un tombeau sans le savoir.

1er septembre.

La bataille recommence à l'aurore. Au bout de quelques heures, un mouvement de retraite se dessine. Personne ne comprend rien à ce qui se fait. Les Prussiens nous opposent une formidable artillerie de position, il est vrai, mais ils laissent leur infanterie à couvert ; ils savent bien qu'elle ne peut nous résister. Des bataillons d'infanterie passent à chaque instant devant nous et nous attirent force obus. Ils font partie d'une brigade à laquelle le général *** a négligé de donner des ordres depuis vingt-quatre heures. C'est à n'y pas croire et pourtant ce n'est que trop vrai.

A onze heures, cette seconde bataille est terminée. L'armée rentre désespérée dans Metz. Ce n'était pas la peine de faire sortir de la ville tous les convois, comme pour la quitter définitivement. La brigade mixte Lapasset est chargée de l'arrière-garde. Notre compagnie est déployée en tirailleurs à six cents mètres en arrière de toutes les troupes; l'ennemi n'inquiète pas le mouvement.

Nous voici de retour dans notre camp.

Il était pourtant si simple d'agir autrement. Deux partis se présentent à mon esprit. Ou il fallait savoir poursuivre le succès d'hier, avant que les Prussiens eussent le temps de rassembler leurs forces. (ce qu'ils ont fait pendant toute la nuit, comme nous l'entendions fort bien); ou, profitant de ce dernier mouvement facile à prévoir, il fallait sans bruit, en pleine nuit, quitter nos positions, traverser Metz et attaquer le point opposé, qui, évidemment se trouvait dégarni. On a donc oublié que nos ennemis s'étendent sur la circonférence dont nous tenons le centre ?

Dans tous les cas, pourquoi n'avoir commencé la bataille qu'à quatre heures, quand l'armée, entièrement réunie, attendait depuis neuf heures du matin?

Le Sablon, 2 septembre.

Hier, nous avons ramené deux blessés prussiens que, dans sa précipitation à se retirer, l'ennemi avait oubliés dans le château de Colombey. Ils jetaient des cris déchirants. L'un d'eux, qui avait reçu une balle dans l'aîne, criait constamment : *Meine Mutter! mein Gott!* (ma mère! mon Dieu!). C'était affreux à entendre.

Nous allons faire des courses à Metz, dans une voiture très-élégante prise aux Prussiens. Les harnais sont grossiers, mais les chevaux sont magnifiques. C'est la première fois que je vais à Metz, et encore ne pourrai-je pas m'y arrêter.

Le Sablon, 7 septembre.

On vient de me donner un journal de Metz ; mais que vois-je à la dernière page? Sarraill a succombé à la suite de sa blessure. Pauvre ami! Quels regrets pour moi de n'avoir pu une seule fois aller le voir à l'hôpital! Je ne m'attendais pas à un aussi triste dénouement. Il y a quelques jours, un soldat de son bataillon m'avait annoncé un mieux sensible. Et ses pauvres parents dont il était le fils unique!...

On m'a dit qu'il s'était admirablement conduit à Gravelotte; cela ne m'étonne pas, c'était une noble nature.

Le Sablon, 9 septembre.

Depuis quatre jours, la pluie ne cesse de tomber et le vent de souffler avec violence; tout ce qu'on touche est humide; je ne sache rien d'aussi désagréable.

Ce soir, au milieu de notre dîner, le canon se fait vivement entendre. Nous volons à la redoute avec la batterie. Les anciens officiers disent qu'à Sébastopol même il n'y eut pas une pareille canonnade. Les obus pleuvent autour de nous et partent de tous les points de l'horizon. Les forts de Queuleu et de Saint-Quentin tirent à toute volée. Est-ce que, par extraordinaire, les Prussiens oseraient préparer une attaque de nuit? C'est peu probable ; cela ne va pas à leur tempérament, mais au nôtre, et on l'oublie. Nos chasseurs sont couchés sur le talus du retranchement; l'eau ruisselle de toutes parts; notre capitaine défend, quoi qu'il arrive, de se servir d'autre arme que de la baïonnette. Cette effroyable canonnade, dure près de deux heures, elle est inexplicable ; aucun ennemi ne se présente.

Je suis chargé de veiller toute la nuit avec une section. Le reste de la compagnie regagne le camp. On allume des feux derrière les remblais élevés du chemin de fer, et je fais sécher tout mon monde, groupes par groupes, que je fais remplacer à mesure dans leurs positions.

Le Sablon, 12 septembre.

Grande nouvelle qui fait saigner le cœur! Impression que rien n'effacera jamais de ma mémoire et qu'aucune langue ne peut traduire! L'armée de Mac-Mahon a été cernée à Sedan; une partie a été massacrée. L'empereur est prisonnier, l'impératrice en Espagne, un gouvernement provisoire établi sous la présidence du général Trochu. Ce gouvernement demande la paix sans perte de territoire, se basant sur les termes mêmes de la proclamation du roi Guillaume qui prétendait n'en vouloir qu'au gouvernement de la France.

Malheureuse guerre!

Il est bien coupable ce monarque qui engage la lutte quand rien n'est prêt, quand, depuis 1867, la guerre avec la Prusse était à prévoir; qui, personnellement, n'a su faire qu'une chose, corrompre un peuple qu'il ne tenait qu'à lui d'élever, et qui, pour couronner tant de fautes, ne sait pas mourir.

Il est bien coupable ce ministre qui, par une lâche complaisance, ose mentir à tout le pays!

Il faut ajouter à cela une manie stupide, descendue d'en haut, de faire de la paternité au détriment de toute discipline.

Aussi, tout le monde, jusqu'au caporal, a cru devoir se créer une certaine popularité dans la troupe qu'il commande. Cette tendance, qui ne produit que désordre, ne peut être le fruit que de la faiblesse et du peu de confiance que l'on a en soi-même. Il faut avoir fait la guerre pour juger de l'importance qu'il y a à sentir sa troupe dans sa main.

Combien de soldats ai-je entendus, dont l'unique préoccupation était de supputer le temps qu'il leur restait à passer sous les drapeaux, ou à récapituler leurs droits pour s'assurer qu'aucun n'avait été lésé. Et quand je parle de droits, je fais allusion au retard, par exemple, qu'on a pu apporter dans la distribution du sucre et du café. Le sucre! le café!... Les Prussiens ont peut-être dit une grande vérité à nos prisonniers : « Si les Français avaient mangé un peu plus de ce pain noir, ils nous auraient vaincus [1]. »

En somme, nous saurons plus tard ce qui a eu lieu. Je ne puis admettre qu'un général comme Mac-Mahon se fasse battre deux fois. Il y a eu trahison quelque part.

Nous voilà cloués à la même place jusqu'à la réponse du gouvernement prussien. Pendant ce temps nous allons nous fortifier.

[1] Si l'on veut reconstituer la discipline dans l'armée, il faut être intelligemment sévère et inexorable dans l'expiation de la faute. L'indulgence lui fera toujours courir les plus grands dangers, et rien, je crois, ne lui a été plus fatal que le droit de faire grâce. A tout anniversaire de naissance ou d'avénement, à toute inspection, c'étaient des listes infinies de grâciés. On en a vu jusqu'à huit cents à la fois, à l'occasion du 15 août. Je le répète, cela était désastreux, surtout si l'on considère que la plupart des infractions n'étaient pas toujours poursuivies ou l'étaient trop mollement, et enfin si l'on considère l'indulgence malheureusement croissante des conseils de guerre eux-mêmes. Inutile de faire observer au lecteur le moins attentif que ces facilités, cette bienveillance irréfléchie retombaient sur les officiers inférieurs qui, témoins du méfait, avaient été obligés de sévir. On peut mesurer la gravité du coup porté à leur autorité. Tout se lie dans la discipline.

Le Sablon, 13 septembre.

Simple observation. Jusqu'à présent, dans toutes nos rencontres avec l'ennemi, il a été facile pour chacun de vérifier le fait suivant : les Prussiens évitent d'engager leur infanterie. Cette dernière est toujours couverte par des bois. A la nôtre qu'on expose sans raison ils opposent leur puissante artillerie. Cela étant, il me semble qu'il n'y a qu'une manière de combattre pour nous. Puisque notre artillerie est inférieure, comme portée et comme justesse de tir, mettons-la de côté provisoirement, Cachons notre infanterie le plus possible. Envoyons des tirailleurs en avant, avec une deuxième ligne à six cents mètres en arrière de la première. Ces tirailleurs devront être constamment couchés, gagner du terrain en rampant et n'être occupés qu'à tirer sur les servants des pièces prussiennes, jouissant ainsi de toute la supériorité du chassepot sur le fusil prussien. Le canon ne peut rien contre des tirailleurs, ou du moins les pertes sont insignifiantes. Il viendra un moment où cette artillerie sera inutile. Il faudra que l'infanterie se montre. C'est alors que la nôtre avançant, l'artillerie ouvrira en même temps un feu roulant sur les flancs de l'ennemi. Les chances du combat s'équilibreront. Si l'ennemi, profitant de ce que notre infanterie est démasquée, recommence son tir d'artillerie, avant que les deux infanteries aient pu se joindre, il faudra reprendre la même tactique qu'avant et faire retirer infanterie et artillerie. En un mot, je crois qu'une double ligne de tirailleurs, la dernière bouchant les vides de la première, est une chose redoutable pour les Prussiens, d'autant plus qu'elle n'offre pas de prise. La cavalerie même ne peut rien contre des hommes couchés, surtout si l'on considère qu'elle sera arrêtée par le feu de la seconde ligne, et que, dans tous les cas, son mouvement paralyse l'action de l'artillerie allemande.

Je ne sais quelle est la valeur de ces idées, fruit de mes observations à la bataille de Servigny ; ce qu'il y a de certain, c'est que le maréchal Bazaine vient à l'instant d'envoyer l'ordre d'organiser, par corps, une troupe de tireurs choisis, ayant pour unique mission de faire taire l'artillerie ennemie. Je suis curieux d'assister au premier essai de cette mesure.

Et notre cavalerie si nombreuse, qu'en fait-on ? Elle s'est héroïquement conduite à Gravelotte ; combien d'autres services elle pourrait rendre, si l'on se donnait la peine de s'en servir ! On vient d'organiser quelques compagnies franches. Ce n'est pas suffisant.

Enfin, s'il y a un *enfin* aux reproches qu'on peut adresser à ceux qui nous conduisent, la plupart des généraux ne visitent jamais leurs troupes ni leurs positions ; il faut en excepter quelques-uns, parmi lesquels se fait remarquer le général Lapasset par une infatigable activité. Ils étudient le terrain sur la carte d'état-major. L'étude de la carte est loin d'exclure celle du terrain.

On prétend que le maréchal de Mac-Mahon est mort des suites de sa blessure. C'est une perte énorme. Le général *** aurait eu la cervelle brûlée par un capitaine de dragons, indigné de sa conduite.

D'après les dernières nouvelles, les quatre-vingt mille hommes de l'armée de Sedan se sont battus pendant trois jours contre plus de deux cent mille Prussiens. C'est magnifique. A la fin, ils n'avaient ni un biscuit ni une cartouche. Qu'est devenu notre bataillon dans toute cette affaire?

14 septembre.

Je viens d'écrire un mot à mes parents. On a pris le parti d'envoyer trois ballons par jour. Ce sera bien le diable si un de nos billets ne parvient pas.

On construit une batterie pour pièces de 24 au-dessus de nous, ce qui prouve qu'on résistera à outrance, mais ce qui en même temps nous attirera plus d'un projectile.

Le Sablon, 22 septembre.

Rien de changé dans notre existence. Nous nous retranchons dans nos camps. Des batteries sans nombre sont élevées tout autour de Metz. De temps en temps, nos deux sentinelles, le Queuleu et le Saint-Quentin, tonnent. Le premier, entre autres, s'est joliment fâché aujourd'hui ; je ne sais à qui il en avait.

Notre situation est décidément des plus bizarres. Être là, sans nouvelles, pour ainsi dire sans présent, mais non sans lendemain, j'espère, tout cela constitue un état qui en affecte beaucoup et qui me laisse bien froid. En dehors de la patrie, je n'ai qu'un souci, c'est de ne pouvoir correspondre avec mes pauvres parents. Si j'avais cet avantage, je me résignerais. Pourvu qu'ils aient assez de force d'âme pour supporter toutes ces traverses ! Je prie Dieu de leur donner le courage de résister à leurs inquiétudes, et à moi l'énergie que réclament mon nom et mon état !

Il y a quelques malades parmi nos hommes. Il est vrai que beaucoup ne savent pas se soigner. Les rations diminuent. Les habitants de Metz viennent d'être rationnés aussi. Il y a des vivres pour plus d'un mois, et sans les dix mille paysans qui sont venus se réfugier dans la ville et qu'il a fallu nourrir, il y en aurait pour bien plus longtemps. Il faut dire que beaucoup de ces paysans ont voulu rentrer dans leurs villages et que les Prussiens les ont repoussés en leur disant : « Allez mourir avec les autres! » détail que je tiens de quelques-uns d'entre eux.

Mais d'ici à un mois il y aura du nouveau. L'arsenal est, dit-on, admirablement pourvu de toute espèce de projectiles.

Quant à nous, nous mangeons toute la cavalerie, en commençant par la grosse. On ne trouve plus rien, ni sel, ni sucre. Le manque de sel surtout est la plus dure des privations. Peut-être est-elle la plus funeste. Nous la ressentons vivement. On a découvert une assez grande quantité d'eau salée qui servait dans une fabrique. Cette eau épurée conserve un faible arrière-goût de sel, mais nos soldats ne veulent pas s'en servir et la baptisent du nom de la *Salette*, faisant peut-être, dans leur esprit malin, un rapprochement avec le prétendu miracle. Ils vont à la découverte de racines de scorsonères qu'ils préparent avec de la graisse de cheval. Nous en faisons autant, mais, au bout de quelques jours, cette graisse devient si mauvaise, que nous la remplaçons par l'huile de colza, même dans la soupe au riz. Quant au sucre, nous essayons vainement de le remplacer par des caramels. Nous nous décidons à prendre le café non sucré. On abat un grand nombre de bêtes pour en faire fumer la chair, ce qui nous donne l'espoir d'une longue résistance [1].

Je viens de lire un livre d'Alexandre Dumas, intitulé *César;* cet ouvrage me paraît très-sensé. Dans mes moments perdus, je lis, et c'est pour moi un excellent passe-temps.

Il n'y a rien comme une campagne pour vous faire revoir vos amis. Ainsi, j'ai rencontré de Falaiseau blessé, et dans le même hôpital que M...;

[1] On n'a pas eu recours à cette ressource.

il y en a une foule d'autres que j'ai revus, mais que d'absents pour toujours!

Le Sablon, 24 septembre.

Hier, la brigade est partie à quatre heures du soir pour occuper le village de Magny, situé de l'autre côté de la Seille. Le mouvement avait pour but de nous approvisionner et d'occuper les Prussiens de ce côté, pendant que le troisième corps faisait une attaque sur Peltre, vers notre gauche. Notre compagnie a été fractionnée de façon à défendre le village que les Prussiens ont abandonné à notre approche. J'ai été chargé de la défense d'un château et de son parc. Nous ne sommes rentrés qu'à huit heures du soir. La fusillade a été très-vive à gauche. De mon côté, à l'extrême droite, nous n'avons fait qu'échanger quelques coups de feu, l'ennemi se tenant prudemment hors de portée. Les Prussiens ont eu une cinquantaine d'hommes mis hors de combat, dont douze tués, et nous quatre tués et dix-sept blessés, dont un commandant du 97e de ligne [1].

Au-dessus de nos têtes passaient les obus du fort de Queuleu et des batteries de la Horgne et du chemin de fer.

Du côté de Saint-Julien, la canonnade était violente et s'est prolongée jusqu'à la nuit ; je ne sais pas encore ce qui s'y est passé.

La nouvelle se confirme d'une défaite des Prussiens du côté de Montrouge ; on dit même que Guillaume est fait prisonnier, ce serait alors deux rois ennemis faits prisonniers. On en a vu un quelquefois, mais deux, jamais que je sache. Dans tous les cas, si cela est vrai, les deux peuples devraient faire la paix et mettre pour première condition que jamais on ne rendrait les trop illustres captifs !

[1] La quantité de blé et de fourrage qu'on a trouvée dans le village de Magny était énorme. Tous les villages autour de Metz présentaient la même richesse ; si donc, au lieu de placer l'armée si près de la ville, on l'eût étendue sur une plus grande circonférence, non-seulement on se fût emparé de fortes positions, mais on eût pu résister pendant au moins un an.

Le Sablon, 27 septembre.

La brigade part à trois heures du matin et se dirige sur le fort de Queuleu, où, complètement dissimulée, elle attend l'heure fixée pour l'attaque. A neuf heures précises, trois coups de canon, partis du fort, donnent le signal[1]; cette grande voix nous remplit d'enthousiasme. C'est au pas de charge qu'on enlève le château de Mercy. Aussitôt après, la batterie gravit au galop les hauteurs qui dominent Peltre; nous la suivons de près, et prenons position presque en même temps qu'elle. Les balles sifflent sans qu'on puisse voir d'où elles partent. Un feu des plus nourris est dirigé sur le château et le couvent, refuge des Prussiens.

[1] Je ne me suis jamais expliqué pourquoi toutes les sorties de ce genre étaient précédées d'une canonnade partant des forts. A moins que ce soit pour donner l'éveil à l'ennemi, ce que je ne veux pas croire, je n'y vois aucune autre raison. Une sortie, quelle qu'elle soit doit se préparer en silence. Les forts ne devaient agir que dans le cas de revers pour protéger la retraite.

L'ennemi se retire de tous côtés, accompagné par nos décharges et par celles d'une section de mitrailleuses. Le feu se communique au village et à toutes les fermes environnantes. Nous sommes entourés d'incendies.

C'est au milieu de cette destruction que débouche le train qui emmenait le 12e bataillon de chasseurs. Le train s'arrête un peu avant le village ; toutes les portières s'ouvrent à la fois, les chasseurs s'élancent de tous côtés, poursuivant l'ennemi dans toutes ses retraites. A midi nous étions de retour.

Voici les résultats de cette brillante journée : les Prussiens ont fait des pertes énormes; nous leur avons pris deux cent huit hommes et cent cinquante têtes de bétail. Notre perte est d'un officier tué, six blessés, vingt-cinq hommes tués et cent trente-cinq blessés, en tout cent soixante-sept hommes mis hors de combat. Nous avions contre nous trois mille hommes bien retranchés.

Notre compagnie n'a eu qu'un chasseur tué.

Au moment où j'écris, neuf heures du soir, le Queuleu vient encore de lâcher des bordées terribles, tout le terrain en avant est éclairé par des pots à feu. Le village de Peltre est tout en flammes. Les Prussiens achèvent de l'incendier, c'est pour cela que le fort tire.

Le Sablon, 28 septembre.

L'affaire de Peltre fait le plus grand honneur au général Lapasset. Il en avait conçu le plan sur le terrain même et avait, dans un ordre très-détaillé, indiqué d'une façon précise à chaque corps ce qu'il avait à faire. Tout a été ponctuellement exécuté comme il l'avait ordonné, à un seul point près. L'ingénieur en chef de Metz, M. Dietz, montait une locomotive blindée, armée de deux mitrailleuses. Cette locomotive devait, pendant que nous maintiendrions l'ennemi à distance, aller accrocher l'un des trains de vivres, qu'on savait être en gare à Courcelles. Malheureusement un espion, qui vendait journellement la goutte dans notre camp, avait averti les Prussiens. Cet espion vient d'être fusillé.

Le Sablon, 30 septembre.

Hier soir, on a rapporté le corps du chasseur tué à Peltre ; il était déjà tout boursoufflé. Aussitôt la compagnie est conviée à assister à l'enterrement. Il est huit heures du soir. Il fait pleine nuit. Trois torches sont allumées et le cortége se met en marche pendant que l'un de nous court avertir le curé de Sablon. — Nous sommes au cimetière, devant une fosse ouverte, il y en avait toujours de préparées à l'avance ! Tous les hommes sont là, observant un silence que la mort sait imposer mieux que personne ; la lumière vacillante des torches éclaire cette scène lugubre, promenant et confondant nos ombres. Le prêtre s'avance, on descend le corps dans la fosse, sans cercueil (on n'a plus le temps d'en confectionner), on le recouvre d'une planche trouvée à quelques pas. C'est un tableau saisissant ; l'impression devient plus forte encore, lorsqu'on entend la voix du prêtre chanter les prières des morts. Quelle paix autour de nous !

Que de réflexions viennent en foule assiéger notre âme!... Puis, tour à tour, nous jetons sur le corps l'eau bénite et la pelletée de terre. Peu à peu la fosse se remplit et nous regagnons le camp.

La mort m'impressionne de moins en moins, au point que j'ai beaucoup de peine à professer pour un cadavre le respect du vulgaire. Cela vient de la conviction où je suis que je n'ai en face de moi qu'une enveloppe matérielle et que l'esprit a repris son essor vers Dieu ! Se contente qui voudra de l'idée que tout est fini au tombeau... Il me faut à moi une autre vie où il me sera donné de revoir ceux qui me sont chers! Il faut n'avoir pas aimé pour ne pas croire à une autre vie. Me démontrerait-on l'impossibilité de son existence que je ferais tous mes efforts pour y croire encore et conserver ainsi le soutien de l'homme en ce monde.

C'est en face du danger que l'on réduit à leur juste valeur toutes les théories rêvées près d'un bon feu. L'homme est bien fort quand il n'a rien à craindre, mais qu'il est faible sitôt que sa quiétude se trouble!

Le Sablon, 5 octobre.

Voici une partie du rapport de ce matin ; elle nous remplit d'espoir.

« En vue d'un mouvement prochain, les dispositions suivantes sont arrêtées :

« 1° Les soupes devront être mises sur le feu de bonne heure et comprendront la ration du 6 complète, de façon à avoir de la viande froide pour le repas du soir. Les tours de distribution seront les mêmes que ceux d'aujourd'hui. A quatre heures, distribution d'une ration de viande.

« 2° Défense est faite de ne rien déranger aux charpentes, cuisines et autres installations de toute nature, *car il se pourrait que nous revenions dans notre campement.*

« 3° Les bagages de messieurs les officiers à porter sur les voitures régimentaires *devront être réduits au plus strict nécessaire;* et comme il se pourrait que l'ordre fût donné de marcher *sans la moindre voiture, il faudra qu'ils s'ingénient pour porter ou faire porter leurs vivres, de façon à être alignés comme la troupe.* Les voitures et bagages qui ne suivraient pas la brigade mixte devront être déposés aux petits dépôts des corps. Dès aujourd'hui, on y déposera les bagages et effets qui excèdent le strict nécessaire ; les voitures et ce qu'elles renferment n'y seront conduits qu'au dernier moment, et si l'ordre en est donné.

« 6° Demain matin, au point du jour, réunir tous les outils du génie, dont les corps ont la disposition, afin de les rendre dans le cas d'un départ. »

On nous enjoint en même temps de demander aux soldats quels sont ceux qui se sentent trop malingres pour tenter une sortie décisive. Cinq seulement se présentent et sont aussitôt bafoués par leurs camarades.

En exécution de l'ordre précédent, je descends en ville pour porter les bagages de mes camarades et les miens. On ne rencontre dans les rues que des officiers occupés du même soin ; presque tous reviennent avec de petits sacs arrangés pour être mis sur le dos. Les magasins ne parviennent pas à fournir tout ce qu'on leur demande, aussi les cartons d'écoliers sont-ils pris en guise de sacs.

Chemin faisant, je rencontre Fleury Richard, de Lyon, lieutenant de dragons. Il porte un bandage à la tête. Il est un peu remis de la blessure qu'il a reçue en pleine poitrine, à Gravelotte, où, dans la fameuse charge de cavalerie, il s'est jeté devant son général, dont la vie était fort en péril. Chose singulière, la balle, après l'avoir traversé, a été tuer un soldat placé en arrière.

Le Sablon, 6 octobre.

Les habitants de Metz font plusieurs manifestations contre le maréchal Bazaine. Celui-ci leur répond par une proclamation dans laquelle il leur dit d'avoir foi en sa loyauté. L'élément militaire, de son côté, trouve qu'on tarde trop à faire la sortie. On ne sait que penser, que croire ! En attendant, nous nous approvisionnons d'un peu de rhum ou d'eau-de-vie, que nous trouvons à grand'peine, et de quelques gousses d'ail pour manger avec le biscuit. Nous nous allégeons le plus possible.

Le Sablon, 10 octobre.

Le temps devient très-mauvais et l'humidité pourrait bien engendrer des maladies. On constate déjà beaucoup de dyssenteries produites par notre genre de nourriture. On ne peut se faire une idée de ce que c'est qu'une soupe faite sans sel, avec de la viande de cheval provenant de bêtes qui n'ont plus que les os et la peau. Ces pauvres animaux tombent d'eux-mêmes, en pleine promenade, et ne se relèvent plus.

On nous fait cantonner. La troupe occupe la redoute de la Horgne, qui est devenue un magnifique ouvrage et du centre de laquelle on a fait partir trois galeries en bois recouvertes de terre.

Quant à nous, nous prenons possession d'une maison voisine. C'est un vrai charme que de se trouver dans un endroit habitable, après un long temps passé sous la tente. Le fait est que les nuits sont déjà très-froides et d'une humidité mortelle.

Le Sablon, 11 octobre.

La garde nationale sédentaire s'est réunie aujourd'hui sur la place de l'Hôtel-de-Ville. Elle a brisé les aigles des drapeaux et proclamé la république. Nous ne serons jamais un peuple sérieux. Il est inimaginable que, dans des circonstances aussi graves, on puisse avoir d'autre pensée que celle de purger le sol du pays des hordes qui le souillent. Que fera un aigle de plus ou de moins? Quelle influence pourra avoir tel ou tel entête d'affiche? J'avoue, pour ma part, qu'il y aurait de quoi refroidir le cœur le plus patriote. Les gens qui font des manifestations semblables, on les croirait prêts à tous les sacrifices, et on est obligé d'employer les perquisitions pour extraire de leur cachette les vivres que la plupart conservent précieusement! Quand donc voudrons-nous faire bon marché des grands mots, qui ne peuvent qu'enflammer l'imagination, tout en laissant le cœur froid?

Ces perquisitions nous ont déjà donné pour plus d'un mois de farine. Il est certain qu'avec un peu plus de sévérité la défense pourrait se prolonger longtemps encore.

On fait courir le bruit que Lyon a arboré le drapeau rouge et que la guillotine fonctionne sur les places publiques! Mais j'ai peine à croire que nous soyons descendus si bas.

Le Sablon, 12 octobre.

Une des administrations qui demandent d'urgence une réforme, c'est l'intendance. Croirait-on que, pour fournir l'armée de viande, un entrepreneur achète, moyennant deux cents francs chaque, les chevaux de cavalerie, et les revend, dépecés, cinq cent francs à l'intendance?... Cet ingénieux système renouvelé du Mexique, vient enfin de cesser, grâce aux représentations de quelques esprits sensés, qui ont fait remarquer qu'il n'y a pas de compagnie où il n'y ait un boucher.

— La fièvre typhoïde envahit Metz ; beaucoup de blessés en sont victimes. Il y a aussi des cas nombreux de variole ; les enfants meurent dans une proportion effrayante ; presque tout le monde est en deuil.

— Indécrottables gens que nos soldats ; ils se plaignent de ne pas avoir assez à manger, et pourtant, en sus de toutes les distributions, ils reçoivent cinquante centimes par jour ; en se réunissant, ils pourraient donc améliorer leur sort, mais non, ils préfèrent à cela la goutte le matin, la goutte à midi, la goutte le soir ! Vous leur ferez inutilement tous les raisonnements du monde ; ils vous écoutent attentivement, mais ne changent rien à leur manière de faire.

Le Sablon, 13 octobre.

Le général vient de nous apprendre que le maréchal a envoyé le général Boyer auprès de Guillaume, qui est à Versailles. Il s'agirait de ce qu'ils appellent une *convention honorable.* Le mot de convention est nouveau, jusqu'à présent on disait capitulation. Croit-on nous berner avec de pareils mots ? On dit tout à coup qu'il n'y a plus que pour cinq jours de vivres. Je n'y comprends plus rien. Le fait est qu'on n'a pas encore réellement souffert. La résistance pourrait se prolonger longtemps. Ou bien, y a-t-il à tout cela une raison que j'ignore, ou un but sérieux ? Nous ne tarderons pas à le savoir.

Le Sablon, 14 octobre.

On a beau tuer des chevaux, soit pour notre nourriture, soit pour en conserver la chair, il en crève cinq à six par nuit ; on n'a plus rien à leur donner.

Nous, ici, nous avons relativement assez bonne table, mais c'est une exception ; tout le reste de l'armée ne mange que du riz et du cheval maigre.

Les Messins se sont portés en masse auprès du maréchal Bazaine et l'ont menacé d'arrestation. Ils le somment de partir avec l'armée et sont décidés à défendre la ville à outrance. C'est bien ce qu'il y aurait de mieux à faire. On fait toujours une sortie quand on veut, surtout contre les Allemands qui doivent singulièrement redouter une sortie de nuit, car, alors, le canon ne sert pas à grand'chose.

Faire campagne dans les circonstances ordinaires n'est rien ; mais on ne peut se figurer ce que c'est que d'être bloqué, quand on a des parents audelà de la ligne qui vous enserre. Pauvres parents qui ne savent pas si leur fils existe !.. Nous continuons à envoyer des ballons, mais nous doutons du cœur de nos ennemis, quand nos messagers tombent entre leurs mains ; et pourtant nos billets ne sont qu'un baiser à travers l'espace !

Maintenant que la mauvaise saison est venue, nos journées sont horriblement longues. Je me suis mis à lire les œuvres de Piron que j'ai rencontrées par hasard chez un marchand. Les coups de canon n'ont plus d'attrait pour nous. Tout est monotone.

Si, au lieu d'employer tant de trains pour le transport de la maison de l'empereur, on les avait employés à l'approvisionnement de Metz, cette ville serait imprenable.

Il paraît certain que Strasbourg est tombé au pouvoir de l'ennemi ! Oh ! qu'il est affreux de ne pouvoir se rendre compte de rien ! On dirait un glas funèbre, dont chaque vibration nous apporte la nouvelle d'un malheur !

Le Sablon, 15 octobre.

Toute la nuit et tout le jour, une sourde canonnade s'est fait entendre dans la direction de

Verdun. On se contente de conjectures sur cet événement. Ne pourrait-on pas envoyer quelqu'un connaissant le pays, au risque de lui donner une forte somme ? Car enfin, si c'était une armée de secours, de quelle importance ne serait pas un renseignement pareil !

Metz est dans une exaltation très-grande contre le maréchal Bazaine ; on prétend qu'il trahit et qu'il est d'accord avec les Prussiens pour rétablir cette famille qui seule a eu le triste privilége d'amener trois fois l'ennemi chez nous, et cela en moins de soixante ans !

Le Sablon 16 octobre.

Le général Lapasset visite tous les jours la troupe et veille avec une grande sollicitude à son bien-être. Aussi lui est-elle entièrement dévouée, et chaque soldat se félicite d'être sous les ordres d'un tel chef. Tous les généraux devraient l'imiter.

Le Sablon, 17 octobre.

Je ne sais si je me trompais, je crois que la demande de capitulation n'est qu'une feinte, soit pour tâter le moral de la ville et se rendre compte du degré de son énergie, soit parce que ce bruit, parvenant aux oreilles prussiennes, ne tarderait pas à se répandre dans la France et l'instruire ainsi de notre situation. Car enfin, il faut une raison à la capitulation ; rien ne la justifie maintenant ; on n'a pas assez souffert encore.

Le Sablon, 18 octobre.

A cinq heures du soir, réunion des officiers ordonnée par le général ; elle a lieu dans un magasin de fers, près du Sablon. Trois bougies éclairent la scène. Au milieu d'un profond silence, le général nous annonce le retour du général Boyer. Nous sommes haletants. Voici les nouvelles :

Plus de vestiges de gouvernement en France. Trochu seul dans Paris ; la capitale entièrement bloquée ; Gambetta s'est sauvé en ballon et est arrivé à Abbeville. L'anarchie règne partout ; Lyon et Marseille ont arboré le drapeau rouge. Rouen et le Hâvre appellent les Prussiens pour mettre fin au désordre. Guillaume ne peut et ne veut traiter qu'avec un gouvernement ; le seul établi est celui de la régente avec laquelle on va traiter, si elle y consent. A ce prix, notre armée, à laquelle l'ennemi rend grand hommage, s'en ira avec les honneurs de la guerre, enseignes déployés, et ira rétablir l'ordre dans le pays. Le Midi s'est formé en fédération pour résister à la révolution.

Après nous avoir rapporté ces épouvantables nouvelles, le général s'est couvert le visage de ses mains, puis s'est retiré dans un état de douleur inexprimable. Nous sommes atterrés ; un sentiment de colère s'échappe en imprécations de toutes les lèvres, quand un commandant fait entendre le cri de : « Vive François d'Orléans ! » Un immense cri lui répond : « Vive la France ! »

Le Sablon, 19 octobre.

Le général fait communiquer à la troupe un ordre, dont j'extrais le passage suivant :

« Dans les cruelles épreuves qui affligent la patrie, au milieu du désordre qui règne dans notre malheureux pays, le général, qui aime sincèrement les soldats et qui leur en a donné de nombreuses preuves, leur recommande plus que jamais d'observer la discipline.

« C'est parce que les officiers comme les soldats de la brigade mixte en ont compris la nécessité, que notre brigade est citée dans toute l'armée et s'est acquis un certain renom. »

La vérité est que partout on ne parle que de la brigade Lapasset.

Les tristes événements qu'on nous a appris excitent l'armée au dernier point. Elle est outrée de l'indifférence de la France. On ne croit pas à la trahison, tant que le vieux Changarnier sera là. D'ailleurs, en cas de refus de l'impératrice, on nous fait espérer un suprême effort, ce qui nous met du baume dans le cœur. Nous sommes prêts.

On a donné une mission au général Bourbaki.

Le Sablon, 23 octobre.

On a présenté au maréchal trois officiers prussiens prisonniers. Ils avaient des journaux sur eux. Les feuilles de la ville en transcrivent les nouvelles suivantes, dont voici la substance :

M. Crémieux, le député, M. Crémieux, le membre du gouvernement provisoire, M. Crémieux, qui avait déserté Paris un peu avant l'investissement et qui s'était retiré à Pau, pour de là rétablir l'ordre en France, M. Crémieux *s'est fait* ministre de la guerre ! A Pau, bien entendu, pour toute la France ! Depuis ce moment, les cours martiales fonctionnent ; la plupart des anciens généraux sont arrêtés, remplacés par des citoyens comme un nommé Cochery, qui, à peine établi à

Orléans, quitte précipitamment son poste, à la vue d'une patrouille prussienne ! Le Midi se refuse à la levée en masse, etc., etc. [1]

Le Sablon, 24 octobre.

La situation devient tous les jours plus navrante. Les enfants meurent en grand nombre. On rencontre à chaque instant des gens qu'on porte à l'hôpital. Ceux qu'on voit dans les rues ont des mines allongées qui font pitié. Tout manque et l'on est étonné de voir manquer les choses auxquelles ont ne fait guère attention en temps ordinaire. La livre de beurre fondu vaut quinze francs. On ne laisse plus rien sortir de Metz. L'armée à elle seule consomme sept cents chevaux par jour. Ils sont si maigres qu'on est obligé d'augmenter

[1] Quand tout près et autour de nous, dans les temps ordinaires, se forgent les plus étranges nouvelles, il ne faut pas s'étonner de l'exagération de celle-ci. Se figure-t-on M. Crémieux, qu'on dit bon, pacifique entre tous, formant des cours martiales, etc. !

beaucoup la ration, et encore leur chair ne nourrit-elle que fort peu. Nous, nous sommes favorisés, nous pouvons nous procurer encore quelques légumes. En fait de pain, nous en mangeons de toutes les teintes, jusqu'à du violet ; c'est sans doute le sarrazin qui lui donne cette couleur ; inutile de dire que la paille s'y mêle dans une assez notable proportion. Je suis certain pourtant qu'on n'a pas fait produire aux réquisitions tout ce qu'elles auraient pu rendre.

Le Sablon, 26 octobre.

Je reçois l'ordre d'aller faire du bois, dans les bois de Peltre. Un grand convoi se forme, et nous partons. A peine arrivés, tout le monde se met à la besogne, et l'on entend de tous côtés les longs gémissements qui précèdent la chute des gros arbres. Nous sommes au-delà des sentinelles avancées, aussi, les Prussiens nous envoient-ils quelques balles, mais elles n'ont pas le privilége de nous émouvoir. Nous continuons notre travail sans riposter.

Les nouvelles suivantes m'attendaient au retour.

La régente refuse de traiter. Le général Changarnier s'est transporté au quartier du prince Frédéric-Charles. Il lui demandait de permettre à une armée héroïque de passer avec les honneurs de la guerre, pour aller remettre l'ordre dans le pays, avec la promesse de ne pas servir contre la Prusse durant la campagne. Le prince a nettement refusé, sous le prétexte, peut-être vrai, que des officiers français prisonniers avaient violé leur parole. Voici, par conséquent, la situation qui nous est faite : capituler et être faits prisonniers ! Quelle abomination ! Il faut que ce prince soit dénué de grandeur d'âme, pour ne pas vouloir accorder cet honneur à une armée qu'il n'a pas battue. Ce qu'il y a de plus fort, c'est qu'il prétende comprendre Metz dans la capitulation, comme si une ville ne dépendait pas uniquement de son commandant de place ! Aussi, ne voyons-nous qu'un moyen, c'est de faire une trouée, coûte que coûte.

D'après le prince, une armée de cent mille Prussiens marche sur Lyon pour y rétablir l'ordre. Cette armée poussera, ajoute-t-il, jusqu'à Marseille, s'il le faut, n'ayant pas d'armée à rencontrer.

Qu'ajouter à tout cela, sinon que nous sommes dans une position inouïe. Laisser bloquer une armée aussi considérable ! Mais rien n'est perdu ; tous les officiers que nous voyons pensent comme nous ; la sortie peut coûter cher, mais impossible, elle ne l'est pas.

Le Sablon, 27 octobre.

On distribue des betteraves et des tourteaux. On ne donne plus de pain, mais de la farine.

Par décision du maréchal Bazaine, les ambulances des corps d'armée sont supprimées. Les malades devront être immédiatement dirigés sur les hôpitaux de Metz. En allant en ville avec nos camarades, nous voyons passer plusieurs batteries. C'est encore une lueur d'espérance. Nous pensons à la sortie, et nous rentrons au camp pour y attendre des ordres.

Le Sablon, 28 octobre.

Fatale illusion ! l'ordre suivant répond à notre enthousiasme d'hier !

« Une convention militaire, dont les différentes clauses seront connues, porte que la troupe, comme les officiers, sera prisonnière de guerre. La troupe conservera ses sacs, ses effets de campement, les officiers leur sabre ou épée ; ils conserveront aussi la propriété des chevaux qui leur appartiennent. Ceux qui voudront s'engager par écrit à ne pas servir contre la Prusse, durant la guerre, et à ne pas nuire à ses intérêts, seront libres de rentrer dans leurs foyers avect ce outqui leur appartient, moins l'ordonnance. Les autres prisonniers de guerre devront s'acheminer vers les diverses résidences qui leur auront été assignées, en conservant leur sabre ou épée, mais en déposant les armes à feu.

« Demain à midi, les forts et la porte Mazelle seront occupés par les troupes allemandes. Un général prussien commissaire entrera dans la place pour régler les différentes questions de remise et celles afférentes au personnel des officiers, en les éclairant sur la teneur de la convention. En cas de doute, elle sera interprétée dans le sens le plus favorable à l'armée française.

« En attendant qu'une résidence ait été assignée à ceux de messieurs les officiers qui ne voudraient pas signer l'engagement dont il a été question plus haut, ils pourront résider soit à Metz, soit à l'endroit qu'ils occupent actuellement.

« La remise des armes, des cartouches, aura lieu immédiatement au fort Queuleu. Les troupes de grand'garde conserveront les leurs et les verseront demain. »

Comme nous voulions briser nos armes, on nous dit « que la loyauté étant un devoir, même envers le plus cruel ennemi, il était recommandé de ne rien détériorer. Cet acte aurait pour conséquence de priver le pays d'armes et de munitions qui lui reviendraint lors de la conclusion de la paix. »

Cette lecture achevée, je m'éloigne précipitamment pour me placer en face de ma conscience... Rester au camp, après le départ de nos soldats, devant ces places vides ? Oh ! je ne le puis. Il faut donc rentrer dans Metz... Signer la capitulation ? J'ignore ce que dit le règlement à cet égard. Si je signe, rentrerai-je chez moi, auprès de mes parents ... Oui, mais, lié par ma parole, je serai condamné à être simple spectateur des efforts que fera la France. Jamais ! Jamais !... Et nos pauvres soldats qui vont subir, eux, les plus innocents, une dure captivité ; eux, mes compagnons d'armes au jour du combat, je les abandonnerais dans le malheur ! Oh ! Jamais ! Jamais ! Je partagerai leur sort.

Chose affreuse, on prépare le chemin de fer, et c'est nous qui sommes chargés de cette triste corvée. Nous, les prisonniers, nous réparonsle chemin qui doit nous conduire en exil !.. Nous,les vainqueurs, nous livrons notre matériel à l'ennemi!...

Honte, honte à jamais sur les auteurs d'une pareille humiliation ! Y a-t-il trahison ? Trahir ?... mais en faveur de qui, quand une sortie aurait couvert de gloire le maréchal ? Quel but a-t-on ? Que veut-on faire de nous ? Où veut-on en venir ? Oh ! ma tête se brise ! mon cerveau enfante toute espèce de plans que je suis impuissant à suivre !...

Tout est consommé ! nous venons de verser nos armes. En dépit de l'ordre de porter nos drapeaux à l'arsenal, le général les a fait brûler au milieu du camp. C'est maintenant que nous envions le sort de nos camarades tombés sur les champs de bataille. Ils n'ont pas à subir ce déshonneur !

Le tocsin se fait entendre pour appeler les sections de la garde nationale qui doit déposer ses armes. La douleur se peint sur tous les visages. Les lugubres sons de la cloche répondent au deuil public. Chacun sent au cœur comme la perte d'un père, d'une mère ! On nous communique l'ordre du maréchal à l'armée du Rhin. Il nous rappelle « que nous sommes vaincus par la *famine* et que nous n'avons pas à rougir après Masséna, Kléber,

Gouvion-Saint-Cyr. » Il nous adresse ses adieux et ses éloges sur notre conduite.

Pourtant près de huit cents officiers se rassemblent sur la place de la Cathédrale, cherchant un chef pour nous conduire. Ils parlent au nom de toute l'armée, et ils ont raison ; l'armée espère en eux. Le commandement est offert au général*** qui accepte. Un immense cri de joie lui répond. Mais tout à coup des esprits exaltés discutent politique. La séance devient très-orageuse et se transforme en une séance de club. Ne voulant pas servir tel ou tel parti, l'honorable général revient sur sa décision, et personne ne veut plus prendre le commandement des troupes. On perd ainsi un temps précieux.

Les troupes prussiennes occupent les forts. Nous voyons de notre camp briller les casques. Rien ne peut exprimer ce que je ressens. Nos soldats, dans leur colère, ont jeté leurs armes pêle-mêle sur le chemin du fort ou dans la Seille. Malgré toutes les recommandations faites, nous ne savons que les approuver. Maintenant que tout est fini, les habitants font sortir des provisions qui auraient pu prolonger la défense. L'autorité est bien coupable de n'avoir pas pris des mesures plus énergiques.

Même jour, 3 heures du soir.

Nous venons de dire adieu à nos soldats. Le capitaine *** les a réunis et leur a adressé une allocution des plus nobles, qui répond au sentiment général. Tous ces braves gens pleuraient. Nous aussi, nous versions des larmes. On eût dit une cérémonie funèbre. Au moment de nous quitter, nous nous sommes tous serré la main. Les soldats nous sautaient au cou. Nous ne pouvions nous séparer. L'heure du rassemblement était venue. Le général Lapasset prononce, devant toute la brigade réunie, des paroles empreintes de la plus vive douleur et du plus ardent patriotisme. Puis on se met en marche vers la ferme de Saint-Thiébault, où nous attendrons les Prussiens. Là, la séparation est déchirante, et plus d'un officier prussien s'émeut à ce spectacle !

Le défilé dure depuis une heure du soir et il ne comprend de ce côté que la brigade mixte, le deuxième corps et la division de Lavaucoupet. A la vue de tant d'hommes, on ne cesse de se demander s'il n'était pas possible d'agir autrement et s'il n'y a pas trahison ou insouciance sans exemple. Des cavaliers ennemis sont échelonnés le long de la route surveillant le mouvement. Je sens la haine et la colère me monter au cœur ; mais il faut se résigner. Notre conscience ne nous reproche rien. Quelle scène désolante ! Le ciel même semble y prendre part. Un brouillard pénétrant donne froid au corps et à l'âme.

Nous voilà seuls maintenant, ils sont là-bas, sur l'autre versant de la Seille, nos pauvres soldats !.. On en distingue les couleurs. Pauvres gens ! Pourvu qu'on ne les traite pas trop durement !

Le Sablon, 30 octobre.

Nous sommes forcés de rester ici pour prendre

nos dispositions de départ ; mais tout nous attriste. Je n'ose tourner mes yeux vers la redoute[1] !

Metz, 1er novembre.

Nous sommes venus ici, pensant que, par respect et par pudeur, les Prussiens n'entreraient pas encore dans Metz. Que nous nous trompions sur leurs sentiments et leur caractère ! A une heure, contrairement à la convention, ils sont entrés, musique en tête, comme pour insulter à notre douleur ! A leur suite, une foule de marchands allemands envahissent la ville et se répandent partout. On ne fait pas un pas sans rencontrer une forte patrouille marchant en frappant du pied et en affectant toutes les marques de l'arrogance la plus dédaigneuse. Les rues sont pleines de soldats de toutes sortes. Les habitants se rendent invisibles, et ceux qu'on aperçoit par hasard ont les yeux rougis de

[1] Au moment de la capitulation, des ouvriers français, payés à raison de cinq francs par jour, y travaillaient encore.

pleurs. Ici, un groupe s'est formé devant trois ordres affichés du général Von Kummer qui tous commencent par ces mots : « Sous peine de mort, etc. » Les officiers prussiens se montrent vis-à-vis de nous d'une politesse obséquieuse et semblent nous demander pardon d'être entrés dans la ville Qui eût pu croire, en effet, que jamais ils y viendraient, sans bombardement, sans assaut ! Trois régiments passent. Ils viennent d'échanger leurs grossiers fusils contre nos chassepots !

Nous sommes abîmés, désespérés ! aussi, nous enfermons-nous dans un hôtel, où l'on nous cède une salle au premier. On jette des matelas à terre, et c'est là que nous passons la nuit, en compagnie d'officiers d'autres corps. La vue de Metz nous déchire le cœur. Nous ne désirons plus qu'une chose, partir au plus vite [1].

[1] Il courait dans les camps que nous quittions Metz, laissant dans les forts une réserve de vingt jours de vivres. L'histoire dira si ce bruit était justifié. Dans tous les cas, en répartissant d'une façon égale tous les vivres dont les habitants avaient fait provision, la résistance, nous en sommes certains, aurait pu se prolonger longtemps encore. Que de malheurs on eût évités !

Metz, 2 novembre.

Triste et bien longue journée ; partout surveillés, entourés de sentinelles, de patrouilles... Nous nous dirigeons vers la gare où se prépare un train immense. On vient prendre nos noms. Nous partons...

FRANCFORT

I

Tel était le dénouement de ce drame qui doit occuper une si grande place dans l'histoire.

A sept heures du soir nous quittions Metz. J'éprouvais un mélange inexprimable de regrets d'abandonner la fière cité, et de soulagement d'échapper à la vue des ennemis la remplissant tout entière.

Le train était composé de voitures à bestiaux et à marchandises. Nous y entrâmes pêle-mêle avec nos ordonnances, nos bagages, sans siége d'aucune sorte.

Nous atteignîmes bientôt les lieux où l'armée avait donné tant de preuves de son courage. Hélas! à quels résultats nous avaient conduits nos efforts victorieux! Faut-il donc ne considérer que la fin d'une campagne, et l'ennemi pourrait-il s'enorgueillir de posséder une ville qu'il n'a prise que par la famine?

Un pâle rayon de la lune éclairait en ce moment ces belles collines. Nous cherchâmes les *formidables ouvrages* qui, nous disait-on, nous étreignaient de leur triple enceinte. Nos yeux ne purent rien découvrir. Nous ne vîmes que les débris noircis des villages incendiés par les Prussiens. Rien ne nous intéressant plus au dehors, nous nous installâmes comme nous pûmes, et le plus profond silence régna parmi nous. Chacun, sans doute, faisait un retour sur le passé et cherchait à s'expliquer cette singulière capitulation, tombée comme la foudre au milieu de nos espérances de sortie.

Quelle catastrophe! Quel brusque changement dans nos pensées! Il n'y avait pas quatre jours qu'on ne nous parlait que de faire la trouée, et tout à coup on nous communiquait l'acte qui réduisait à néant notre héroïsme et notre dévouement pour la patrie ! Jamais ne s'effacera en nous cette douloureuse impression !

Nous étions trop affligés pour songer même au sommeil. Ainsi se passa cette première nuit. Nous commencions à nous sentir captifs. Jusqu'alors, et tant que nous étions dans Metz, nous n'avions pu nous rendre compte de notre situation.

Nous arrivons à Bingen, où la société de Genève nous offre une excellente collation. A peine descendus du train, nous nous voyons entourés d'un long cercle de soldats, chargés de nous maintenir dans une zone déterminée. Nous remarquons alors que les Prussiens, qui s'excusaient de nous donner de pareilles voitures, sous le prétexte du manque de matériel, avaient eu soin pourtant de ne choisir que des vagons munis d'une guérite de garde-frein, dans laquelle se tenait, pendant toute la route, un soldat, l'arme chargée. On eût dit qu'ils nous redoutaient encore !

Le pays est fort beau depuis Bingen. Vers le

soir, ce fut un spectacle ravissant. Le chemin de fer longe le Rhin : je ne sache rien d'imposant comme ce large fleuve qui coule si majestueusement entre deux chaînes de montagnes dont il baigne le pied. A chaque pas, ce sont des villages respirant la propreté, mais d'un aspect un peu géométrique ; des rochers couverts de vignes et des châteaux en ruine, dont la couleur se confond presque avec celle du sol. Cette étroite vallée est pleine de mystère ; on se croirait au temps des anciens barons. Il semble qu'on entende le pas de leurs chevaux ou le choc de leurs verres ! Je me laissai aller un moment à la rêverie, mais la cruelle réalité ne tarda pas à me replonger dans ma tristesse.

Peu après, le train s'arrêta, je ne sais plus en quel lieu, pour notre repas du soir. Ce n'était plus la société de Genève, mais le gouvernement prussien qui prenait soin de notre subsistance. Aussi nous fit-on entrer sous un hangar, construit pour les besoins de la guerre et rempli de tables et de bancs en bois blanc. C'est là qu'on faisait manger les troupes de passage. Nous trouvâmes sur les tables de grandes écuelles d'une purée liquide de pommes de terre, et un garçon nous présenta, au bout d'une fourchette, un morceau de bœuf bouilli. Nous n'avions qu'une assiette et une cuillère. Le pain et le vin étaient à notre charge. Rien ne m'affecta autant que cette manière brutale de nous traiter. A partir de ce moment, tous nos repas furent composés de la sorte.

Nous commencions à sentir la fatigue. Nous cherchâmes alors à nous mieux organiser pour la nuit. Les bagages furent relégués dans un coin, nos couvertures de campement étendues à terre. Nous couchâmes côte à côte et pûmes ainsi goûter un peu de sommeil.

A mesure que nous nous éloignions de la France, nous devenions de plus en plus soucieux. C'est à peine si, de temps à autre, nous échangions quelques mots.

Le lendemain, trouvant la route bien longue, je me décidai à interroger un officier prussien pour lui demander notre destination. Il me répondit d'une façon évasive, ajoutant que, sans doute, on nous dirigeait sur Magdebourg, pour de là nous envoyer dans des forteresses.

Nous traversons Brunswick et nous arrivons à Magdebourg. Nous avions passé trois nuits et deux jours dans ces affreux vagons ! Il était deux heures du soir quand nous fûmes en gare. Une nombreuse population nous attendait à la sortie ; elle fut convenable, mais qu'il est dur de défiler ainsi devant ses vainqueurs ! Le général gouverneur, qui était venu en grande tenue au-devant de nous, marchait à notre tête. On nous conduisit dans une des salles du casino des officiers. Un lieutenant prussien, parlant fort difficilement et fort mal le français, était chargé de nous distribuer des cartes de destination. C'était un vacarme à ne pas s'entendre ; évidemment cet officier avait trop à faire, ayant à inscrire près de six cents officiers prisonniers.

Fatigué de tout ce que je voyais, je suis sorti pour aller voir le général gouverneur. Je voulais lui demander l'autorisation d'aller à Francfort-sur-le-Mein, où demeure un de mes oncles maternels. On m'avait remis à la poste de Metz, aussitôt après la capitulation, un télégramme de ce dernier. Ne sachant où demeurait le gouverneur, je m'adresse à trois jeunes officiers prussiens, qui, ne comprenant pas un mot de français, se mettent à sourire d'une façon impertinente. Je m'exprimai alors dans leur propre langue, ce qui parut les étonner. Les Allemands sont tellement pleins d'amour-propre qu'à moins de savoir très-bien une langue étrangère, ils ne se hasardent guère à la parler.

Le gouverneur me reçut froidement, mais avec une exquise politesse. En Prusse, tout officier, quel que soit son grade, est toujours traité avec une grande considération, ce qui ne nuit en rien à la subordination et a l'avantage de rehausser chacun à ses propres yeux. Le général fit d'abord quelques difficultés, parce que Francfort-sur-le-Mein n'était pas compris dans les villes qui nous étaient désignées, et finit par m'autoriser à rester à Magdebourg jusqu'à l'arrivée de la réponse de Berlin. Néanmoins, pour me mettre en règle, j'allai prendre une carte pour Lubeck, espérant, en cas de refus du ministère, être mieux reçu par la population d'une ancienne ville libre.

Heureusement pour moi, parmi les officiers internés à Magdebourg, j'en retrouvai cinq de mon bataillon; ils étaient là depuis Sedan. Ce fut une véritable bonne fortune au milieu du chagrin qui me dévorait. Je vécus avec eux fort agréablement. Ils me firent connaître la ville. Elle est bien fortifiée et d'un aspect riant. Les rues sont généralement larges et propres. Les maisons présentent un mélange de nouvelles constructions assez élégantes et de vieilles masures en bois rappelant l'âge gothique. Une grande terrasse domine le chemin de fer, d'où l'œil embrasse les immenses plaines d'Allemagne. C'est une ville de quatre-vingt-dix mille âmes, ayant tous les inconvénients d'un lieu resserré par des murailles.

La consommation de bière qu'on y fait est effrayante. Dans certains endroits on boit une bière aigre dans de grands vases cylindriques où la tête entre tout entière. Mais ce qu'il y a de plus phénoménal, c'est l'outrecuidance des Prussiens. Il ne doutent absolument de rien. On nous reproche d'être vantards, je déclare que je n'ai jamais rien vu d'aussi vantard qu'un Prussien.

Dans les rues, les gamins me couraient après, pour me demander un bouton de ma tunique. Quelques mots suffisaient pour mettre un terme à leur patriotique insistance.

Le soir même de mon arrivée, l'un de mes camarades voulut m'accompagner jusqu'à la porte de mon hôtel. Il était déjà tard, et les rues étaient désertes. Nous attendions qu'on nous ouvrît, quand deux officiers en uniforme se présentent à moi en portant, à la prussienne, la main à leur casquette. C'étaient deux officiers prussiens dont l'obscurité m'avait empêché de reconnaître l'uniforme. Je leur rendis le salut, ne sachant pas trop ce qu'ils me voulaient, à cette heure, lorsque l'un d'eux me dit : « *Herr Camarade, wollen Sie uns die Ehre schenken, mit uns ein Glas Rheinwein zu trinken?* » (Monsieur le camarade, voulez-vous nous faire l'honneur de boire un verre de vin du Rhin avec nous?) L'idée de leur jouer un tour de ma façon me décida à accepter. Nous les suivîmes, mon ami et moi. Ces deux officiers étaient, l'un un véritable Prussien et l'autre un Autrichien au service de la Prusse. Tous d'eux, d'un certain âge déjà, paraissaient avoir suffisamment bu. Arrivé au café, je me mis à parler allemand avec eux sur des sujets indifférents. Ayant appris à me méfier de tout Allemand, je ne leur répondais que d'une manière très-vague, quand ils voulaient amener la conversation sur la politique. Deux bouteilles étant achevées, ils s'apprêtèrent à se retirer. Mais je les engageai à rester, et je m'y pris si bien que je leur en fis boire deux autres ! Je les congédiai après, en leur disant que peut-être ils éprouvaient le besoin de se reposer. Ils ne se le firent pas répéter, et nous nous séparâmes, mon camarade et moi, riant aux éclats de leur démarche incertaine.

Je passai une affreuse nuit, grâce au sytème de lit en usage dans ce pays. Il se compose d'un unique drap, sur lequel on se couche, et d'un édredon qui ne protége qu'imparfaitement le corps ; ni drap de dessus, ni couverture ; ajoutez à cela des lits très-étroits et très-courts.

Le lendemain, je me promenai dans les quartiers

les plus fréquentés de la ville. L'organisation de l'armée prussienne est merveilleuse. Il y avait encore à ce moment une grande quantité de troupes disponibles. Leur discipline est magnifique et semble tellement passée dans les mœurs, qu'elle leur est comme naturelle. Rien n'est curieux, par exemple, comme leurs exercices de détail. Ils y décomposent le pas de telle façon que le soldat reste littéralement en suspens dans des positions d'équilibre assez difficiles à conserver. Un seul officier suffit à la surveillance. Tous les sous-officiers s'occupent consciencieusement de leur métier. On habitue les soldats à marcher en frappant fortement du talon qui, armé d'un petit fer à cheval, aide par son bruit à maintenir la cadence.

Le militarisme est porté à ses dernières limimites. Tous les citoyens étant soldats, les emplois civils sont donnés aux anciens sous-officiers, qui portent même alors une tenue analogue à celle de l'armée. La police porte aussi cette tenue, mais avec le casque. Il m'a été, au début, très-difficile de distinguer un officier en capote d'un employé de la gare, tant leur tenue se ressemble. Il faut dire aussi que tous ces employés portent le sabre.

J'ai eu l'occasion d'interroger plusieurs personnes sur leurs sentiments politiques. Toutes sont unanimes dans leur horreur pour la république. Leur amour pour leur roi est extraordinaire. En un mot, ils ont l'unité d'opinions qui donne l'unité en tout, et partant la force.

L'instruction des officiers, qu'on dit si grande, a, dans tous les cas, pour limite la langue française que très-peu parlent, et encore s'en servent-ils très-mal et très-difficilement. Aussi donnais-je de l'allemand par tous les pores, heureux de pouvoir au moins retirer de ma captivité un perfectionnement dans la pratique de cette langue.

Les Prussiens ne veulent naturellement pas ajouter foi à la trahison du maréchal Bazaine : cela diminuerait de beaucoup leur gloire. Dans tous les cas, ce dernier était allé rejoindre l'ex-empereur à Cassel, où se formait une nouvelle cour d'*honnêtes gens*. Mais, par contre, les Prussiens prétendaient que M. Benedetti nous avait trompés. Comme l'un d'eux me disait qu'ils ne voulaient réunir à l'Allemagne que les pays allemands, je lui répondis que l'occasion serait bonne alors de rendre à la Pologne ce qui lui appartenait. Mais il se récria en soutenant que tout ce qu'ils avaient pris à la Pologne était allemand. Il n'y a pas possibilité de raisonner avec la mauvaise foi.

Je me promenais dans une des principales rues de la ville, quand on vint m'apporter l'autorisation de me rendre à Francfort. J'allai prendre congé du général qui fut encore plus aimable que la veille.

Je ne partis que le lendemain, à quatre heures du soir, par la ligne de Cassel.

A huit heures, le train s'arrêta à Halle, point où plusieurs lignes aboutissent. Comme je devais y rester jusqu'à minuit pour prendre le convoi de Francfort, je n'eus rien de mieux à faire que de m'installer au buffet. Je n'y étais pas depuis une heure que la salle se remplit de curieux qui venaient voir l'officier français. Une famille, qui s'était placée à une table voisine de la mienne, finit même par me demander l'autorisation de se mettre à ma table. Ces personnes se mirent à me parler français. Elles semblaient fort étonnées de tout ce que je leur disais. L'une d'elles me demanda pourquoi, en France, nous appelions tous les Allemands, Prussiens. « Par ce que, leur dis-je, vous portez tous le casque à pointe. » Ma réponse les fit rire, mais je ne sais si elles l'ont bien comprise. Je ne voulais pas seulement parler de la coiffure, mais surtout de l'influence prussienne qu'ils subissent tous, dans l'intention de constituer leur unité. Ils n'ont pas l'air de se douter qu'ils se livrent pieds et poings liés à la Prusse.

Ce ne fut qu'à onze heures que je fus débarrassé de toute cette curiosité tudesque. Resté à peu près seul, je m'approchai du maître du buffet pour lui demander des renseignements. Au même moment, je vis entrer une longue forme bleu de ciel qui s'arrêta juste devant moi, en joignant les talons. C'était, comme on me l'a expliqué ensuite, ce qu'on appelle en Prusse un engagé d'un an, un jeune homme qui, après avoir satisfait à un examen d'aptitude, entre à ses frais dans l'armée active, où il sert pendant un an en temps de paix, et pendant toute la durée de la campagne en temps de guerre. D'abord surpris, je compris vite que c'était là sa manière de saluer. Je lui rendis le salut et continuai à m'adresser au maître de l'établissement. Bientôt après, le même dragon, car c'était un dragon, se leva, et avant de s'en aller, se planta de nouveau devant moi, attendant que je lui rendisse le salut.

Enfin le train arriva et je partis. A une station plus loin, monta dans mon compartiment un officier prussien qui, après quelques moments de silence, entama la conversation avec moi ; comme il était fort bien, force fut de lui répondre. Nous arrivâmes ainsi à Francfort le lendemain à neuf heures du matin. Aussitôt je vis mon officier s'élancer à la recherche d'une voiture qu'il fit approcher, et il ne prit congé de moi qu'après s'être assuré que rien ne me manquait. Tout en lui exprimant ma reconnaissance, je l'avouerai, il m'était pénible de devoir quelque chose à un Prussien.

II

Je ne connaissais ni mon oncle, ni ma tante. Eux ne m'avaient vu qu'enfant. Sur le point de franchir le seuil de leur demeure, j'eus quelque appréhension de m'enchaîner ainsi pendant toute ma captivité qui pouvait être longue ; aussi eus-je un moment d'hésitation et mon souvenir me reporta-t-il instinctivement vers mes camarades de Magdebourg. Pourtant, je montai et mes craintes s'évanouirent devant le chaleureux accueil de mes parents. Ayant entendu dire que tout mon bataillon était prisonnier depuis Sedan, et n'ayant pas reçu un mot de moi, ils me croyaient mort ! On peut juger de leur étonnement et de leur joie en me voyant paraître tout à coup.

Je fus immédiatement installé dans une partie de leur appartement, indépendante du reste, et où, malgré les plus tendres attentions, je devais tant souffrir moralement.

Le lendemain, je me présentai au général de Meyerfeld, gouverneur de la ville. Il ne me reçut pas, à beaucoup près, aussi bien que celui de Magdebourg. Il était Hessois, assez grand, lourd de formes, d'une figure avinée et sans intelligence, au reste, plein de morgue. Dans la crainte de ne pas paraître assez Prussien, il exagérait le plus qu'il pouvait les insupportables défauts des Allemands du Nord. A cette tendance ridicule se joignait d'ailleurs une grossièreté native. J'aurai plus d'une occasion de parler de lui. Pour nous tous, il caractérisait le système prussien dans toutes ses mesquines tracasseries.

Après avoir pris congé de lui, le capitaine de place, qui ne parlait pas français, me présenta un long papier rempli des prescriptions auxquelles les prisonniers devaient se soumettre. Dans le nombre s'en trouvait une qui nous obligeait à saluer *tous les officiers prussiens*. Je ne pus me contenir devant une pareille exigence, et, me tournant vers un caporal, qui faisait l'office d'interprète (je ne voulais pas avoir l'air de savoir l'allemand), je le priai de transmettre au capitaine « que je consentais bien à saluer les officiers d'un grade supérieur au mien ; mais que, pour les autres, je me refusais à les prévenir ; qu'en France il était d'usage de se montrer très-courtois envers les prisonniers, et que nous les saluions toujours les premiers. » Ces paroles traduites fidèlement firent faire la grimace au capitaine qui me fit répondre que tel était l'ordre. Je n'insistai pas, bien décidé à exécuter ce que je venais de dire.

Le lendemain, à midi, heure à laquelle nous devions chaque jour nous présenter au corps de garde de la ville *(Hauptwacht)*, on fit lire un ordre qui modifiait le précédent en ceci que nous ne serions plus tenus à saluer que les officiers supérieurs, et que, pour les autres, on laissait cela à notre bonne volonté et à notre tact. Je n'ai pas besoin d'ajouter que nous ne saluions jamais les officiers inférieurs dont la hauteur nous exaspérait.

Je passais la majeure partie de mes journées dans ma chambre, ayant besoin d'être seul. Mes parents respectaient ma solitude. C'est là que je me livrais à toute ma douleur. Les prévenances mêmes dont on m'entourait ne faisaient que l'aigrir, tant le sentiment de ma captivité pesait sur mon cœur ! Je me révoltais en comparant mon bien-être et mon inaction aux souffrances si courageusement endurées par ceux qui combattaient encore en France. Je brûlais inutilement de les rejoindre, car j'étais lié par ma parole ! Une épouvantable réaction s'était produite en moi, lorsqu'après avoir franchi les murs de Metz, j'avais pu apprendre qu'au lieu de la guillotine fonctionnant sur les places publiques, c'étaient des armées que la France improvisait, et dont le dévouement allait pouvoir peut-être venger nos infortunes ! Ah ! si notre armée de Metz eût pris une résolution suprême, elle devenait le noyau d'une armée de deux cent mille hommes ! On ne l'a pas voulu, et quatre-vingt mille soldats et six mille officiers se sont trouvés aux mains de nos implacables ennemis !

Un long mois se passa ainsi sans que j'eusse seulement la force d'ouvrir un de mes livres.

Tout ravivait mes regrets. Enfin, je me décidai à reprendre mon Victor Hugo. La lecture de ces beaux vers devait convenir à l'état de mon âme. N'avait-il pas été exilé, lui aussi?

Parmi les prisonniers de la ville, j'étais le seul en tenue et portant le sabre, ainsi que nous l'accordait l'acte de capitulation. La susceptibilité prussienne ne tarda pas à en prendre ombrage. On ne me fit pas d'observation directe. On se contenta de me faire lire un ordre qui interdisait aux prisonniers le port de l'épée. J'avais beau me retrancher derrière les termes même du protocole, la subtilité allemande sut trouver une explication, en disant qu'on nous avait permis *de garder* nos armes, mais non de *les porter*. Il n'y a pas à discuter avec un homme qui veut avoir raison quand même. Les Allemands ont un véritable talent d'interpréter les mots. Je me retirai, décidé à profiter de l'autorisation qu'on nous avait donnée de nous mettre en bourgeois. Le soir même je n'étais plus en tenue.

La nouvelle que les Prussiens avaient perdu beaucoup de monde à Orléans me consola de cette vexation. J'allai aussitôt lire leur dépêche. Elle n'avouait pas qu'ils avaient été battus, mais elle annonçait pourtant que « le maréchal bavarois von der Thann avait perdu trente-deux officiers et plus de six cent soixante hommes (chiffres évidemment inférieurs), et que deux pièces de canon s'étaient *égarées (sic).* »

Ce succès me remplit de joie, et je prenais un malin plaisir à voir les mines allongées et silencieuses des gens qui s'attroupaient devant le télégramme officiel. Je ne m'en sentis que mieux disposé à aller visiter le musée de la ville. Il possède quelques belles toiles. Le tableau qui frappe le plus est dû au pinceau de M. Lessing, peintre de renom en Allemagne. Il représente Jean Huss devant le concile de Constance. Les personnages sont plus grands que nature, leurs diverses expressions sont bien étudiées, mais Jean Huss lui-même parait bien indifférent pour une circonstance semblable. En somme, je reprocherai à cette œuvre ce qu'on peut reprocher à toutes les peintures allemandes, d'être froide de coloris. Le peintre s'est laissé aller à un amour exagéré des détails. Quelle autre manière dans deux ou trois œuvres de Rubens et de Rembrandt, placées dans une petite salle voisine! J'ai beaucoup admiré un paysage de M. Saal ; c'est un rayon de soleil couchant qui dore les cimes de montagnes norwégiennes, au milieu desquelles s'endort un lac déjà enveloppé par la brume du soir. Je n'ai jamais vu quelque chose de mieux réussi que cet effet de lumière ; c'est merveilleux de vérité. Le musée possède aussi des Albert Durer d'un très-grand prix; ils sont vivants d'expression.

La salle des statues n'a rien de remarquable, du moins rien qui dise qu'on s'occupe de sculpture en Allemagne. On y voit la reproduction en plâtre des chefs-d'œuvre de l'antiquité, l'Achille, le Gladiateur, la Vénus de Médicis, etc., etc.

En sortant du musée, je m'égarai dans quelques rues. Francfort est une ville des plus riches, d'une élégance moderne charmante et en même temps d'un style gothique des plus artistiques. Mais je m'y sentais mal à l'aise, entouré de nos vainqueurs. Puis venait le désespoir qu'engendre une situation dont on ne peut sortir. Cette ceinture encore verte de la ville était pour moi un cercle de fer qui m'étreignait jusqu'à m'arracher des larmes. Que de réflexions affluaient dans mon cœur ! L'abcès de ce règne impie avait crevé, et le monde avait été étonné de la corruption qu'il contenait. Tandis que nos soldats souffraient, l'auteur de leurs maux s'oubliait à Wilhelmshœhe dans un luxe qui scandalisait toute l'Allemagne ! Il peut maintenant contempler son ouvrage, me disais-je. Que lui importent le sang de tant de braves gens, le cri de tant de mères, les malheurs du pays ! Mais elle se relevait déjà, cette nation si calomniée ; elle se relevait terrible, une main sur sa blessure, l'autre sur son glaive vengeur !

III

A me voir au milieu de mes parents, on pourrait me trouver bien privilégié parmi mes compagnons d'exil. Le dirai-je ? ce sont précisément ces circonstances qui m'ont rendu la captivité plus dure. Si l'on annonçait un nouveau triomphe des Prussiens, mon oncle et ses amis déguisaient mal leur joie en ma présence ; et si je m'insurgeais contre la destinée ou contre la conduite infâme de nos ennemis en France, je reconnaissais bien vite que je n'avais autour de moi que des Allemands singulièrement *prussianisés*.

Ces Francfortois, qui avaient été foulés aux pieds par la Prusse en 1866 ; qui avaient été victimes de ses mensonges et de ses spoliations ; qui devaient se souvenir de Manteufel et de Vogel de Falkenstein : ces Francfortois qui, jusque-là, avaient bravé, raillé, chansonné le roi Guillaume avec le plus d'audace, étaient devenus Prussiens, se laissant eux aussi enivrer par la fumée de cette gloire si douteuse! Ils me répondaient toujours par les mêmes raisons officielles, dont ils se faisaient les tristes échos. « La France est punie de sa corruption; Dieu s'est servi de Guillaume comme d'un fléau. D'ailleurs, nous n'avons jamais oublié votre conduite en 1806, le jour de la vengeance est arrivé; c'est malheureux pour vous, mais c'est fatal. La résistance de votre pays est de la folie; elle ne fera qu'accroître sa ruine, car, voyez-vous, notre invasion a été préparée d'avance; nous serons tel jour à tel endroit, tel jour à tel autre; c'est *mathématique*. L'Alsace et la Lorraine sont d'origine allemande; ce n'est qu'une restitution que nous vous demandons; après cela, nous vivrons en paix avec la France, les deux peuples n'ont pas de raison de se haïr, etc., etc.

« — Vous parlez de corruption! leur répliquai-je; mais rien n'est corrompu comme vos villes; et celle de Paris, que vous vous plaisez tant à stigmatiser, n'a jamais été que le fruit de votre dépravation, à vous étrangers, qui profitiez de notre heureux caractère pour faire chez nous ce que vous ne vouliez pas faire chez vous.

« Vous rappelez 1806! Mais, si j'ai bonne mémoire, il ne tenait qu'à Napoléon Ier de vous anéantir pour toujours! Il ne l'a pas fait et vous a donné une constitution et des lois que la haine seule vous a fait répudier depuis. Il n'a ni ravagé, ni incendié, ni pillé vos champs et vos cités; en ce temps-là, les villes se prenaient d'assaut et pas autrement.

« Quant à la *folie*, dont vous nous accusez à propos des efforts que nous faisons et qui, selon vous, doit achever notre ruine, je trouve que vous nous portez bien trop d'intérêt. Ne cachez pas vos sentiments, sous ce voile perfide.

« La Lorraine, l'Alsace, vous appartenaient, dites-vous, il y a deux cents ans environ. Mais pourquoi vous arrêter à cette date de l'histoire? Regardez plus loin ce que vous étiez et ce qu'était la Prusse aujourd'hui à votre tête. Ne remontons pas trop le cours du temps, croyez-moi, vous auriez plus d'ennui que nous à le parcourir ! »

Mais ces réfutations étaient inutiles.

Le contre-coup des événements se faisait du reste sentir à la *Hauptwacht* ; l'insolence des officiers s'inspirait des fluctuations de la fortune. Un jour qu'après m'être présenté comme de coutume, je m'apprêtais à me retirer, le capitaine me fit signe de rester. Il avait à la main la lettre que j'avais déposée la veille à l'adresse de mon père. Nos lettres devaient, sans exception, être remises ouvertes au général, qui ne les envoyait qu'après les avoir lues. Dans la mienne, je racontais simplement la manière dont on nous avait fait voyager de Metz à Magdebourg, et je signalais, entre autres détails, que les vagons qui composaient le train n'étaient que des vagons à bestiaux ou à bagages. Le capitaine m'apostropha tout à coup, en me disant que j'avais écrit des *mensonges* : qu'on ne nous avait pas fait voyager ainsi et que le général me faisait dire que si je recommençais à médire des Prussiens, il me ferait enfermer dans la forteresse de Spandau. Il blêmissait à mesure qu'il parlait, par suite de cette colère particulière à la bonhomie allemande. J'affectais de sourire et de ne pas comprendre. Je lui dis en allemand qu'il parlait trop vite pour moi. Alors, furieux d'avoir dépensé tant de verve pour rien, il appela son secrétaire qui me transmit mot, pour mot, le langage peu mesuré de son supérieur. Le pauvre garçon en souffrait visiblement. Je me contentai de répondre que « je n'avais pas cru à l'importance de ce renseignement pour la France ; ni à son influence sur la politique [1] de M. de Bismarck, et que, dans tous les cas, je lui demandais l'autorisation d'invoquer le témoignage de tous les officiers ayant fait voyage avec moi. » Je ne réussissais qu'à l'exaspérer davantage ; il m'intima l'ordre de me taire et m'invita à prendre très au sérieux ce qu'il venait de me dire. J'étais bien loin d'en rire ; je rongeais le frein avec une rage contenue. Je me retirai et parvins à indigner mon oncle lui-même. Mon aventure ne

1 On nous avait seulement défendu de parler politique dans nos lettres, mais les prohibitions allemandes sont si élastiques !

tarda pas à faire le tour de la ville ; tout le monde donnait tort au général qu'on détestait d'ailleurs.

Cela me rappelle qu'un autre jour j'entrai dans la salle de service, ma cigarette à la main. Comme je m'y attendais, le capitaine m'en fit l'observation ; à quoi je répondis : « J'ai cru que c'était permis, ayant vu plus d'une fois vos secrétaires fumer quand je venais ici. » Le sentiment de la discipline prenant le dessus, il se montra très-embarrassé et se contenta de donner tort à ses secrétaires qui, à partir de ce moment, furent plus polis.

Toutes ces discussions ne me soulageaient qu'imparfaitement. En sortant du corps de garde, je me rendis au *Bürgerverein* (réunion des bourgeois). C'était un vaste établissement très-bien organisé, où mon oncle m'avait introduit. J'y lisais l'*Indépendance belge*. Le journal m'annonça les victoires d'Orléans et de Coulmiers, remportées par le général d'Aurelles de Paladines, mais aussi la capitulation de Thionville.

Je vivais dans une agitation perpétuelle qu'entretenaient des nouvelles rarement confirmées et plus souvent démenties quand elles étaient favorables. Je savais que l'on formait une armée dans le bassin du Rhône, mais je voyais aussi le grand nombre de troupes arrivant chaque jour à Francfort. Cinq trains en partaient chaque nuit chargés de soldats et se croisaient avec cinq trains ramenant des blessés et des malades qu'on avait soin de soustraire à la vue de la population pour mieux lui faire croire, sans doute, aux pertes légères *(unbedeutend)* annoncées par les télégrammes du roi à sa chère Augusta. Les mouvements de troupes étaient continuels. Ce que j'ai le plus admiré, c'est la rapidité avec laquelle la landwehr a été expédiée. Les hommes sont arrivés le matin ; à trois heures je les ai vus armés et habillés ; le soir ils partaient. Mais ce qui est aussi remarquable, c'est le silence absolu des journaux sur tous ces départs. Nous ne l'imitons guère en France, car j'étais au courant de tout ce qui s'y passait. On ne réunissait pas quatre hommes dans un coin du territoire sans que toute la presse ne le publiât, au point que je me suis souvent demandé si les Prussiens n'étaient pas aussi bien renseignés par nos journaux que par leurs espions. Le champ des discussions politiques ou administratives est bien assez large pour remplir les colonnes des journaux. Il devrait leur être formellement interdit de s'occuper de l'armée. Que leurs correspondants donnent des renseignements sur les armées étrangères, cela vaudra bien mieux.

IV

L'hiver s'annonçait rigoureux. Le froid était déjà très-vif, et nous n'étions qu'en décembre. Que nos pauvres soldats allaient souffrir !.... La ville n'en était pas moins animée ; elle avait pris une physionomie toute sibérienne, avec les clochettes attachées au cou des chevaux, les traîneaux qui passaient rapides, les énormes fourrures dont se couvraient les hommes. Je sortais de moins en moins, cherchant à échapper aux mauvaises nouvelles. Je ne pouvais supporter ces rues constamment pavoisées d'immenses drapeaux descendant presque jusque sur la tête des passants; ces crieurs annonçant des dépêches auxquelles je ne savais si je devais ajouter foi ; elles étaient toujours mauvaises, tandis que l'*Indépendance*, par trop de sympathie pour nous, m'entretenait pendant plusieurs jours dans un fol espoir brusquement anéanti sous le coup de nouveaux revers. C'étaient des batailles perdues, des villes prises, des paniques, etc. Aussi me comprendra-t-on quand je dirai que mon bien-être matériel m'était indifférent. Mes livres étaient ma seule ressource. Souvent j'interrompais ma lecture et restais plongé dans mes tristes pensées. Un jour, songeant à tous les maux qu'engendre la guerre, j'eus l'inconcevable idée, moi qui n'en avais jamais fait, de traduire en vers ce que je ressentais.

De la riche moisson la campagne étincelle...
La joie entre partout, au nid de l'hirondelle ;
Au bois silencieux, sous les plus humbles toits ;
La cloche du matin fait entendre sa voix...
O paix de l'univers ! Nuit suave étoilée !
Astre éclatant du jour ! Lune à demi-voilée !
Harmonieux accords ! Qui donc va maudissant,
Sous ce dôme si pur et si resplendissant ?

Ah ! c'est l'homme, c'est l'homme..., oui, l'homme en mal fertile.
Être dégénéré, cœur méchant et servile,

Use à troubler la paix sa sublime raison,
Indigne possesseur d'un si précieux don...
Entendez du canon le furieux tonnerre,
Que de voix ! Que de bruit! On sent trembler la terre !
Le vent est plein de cris, les mères sont en pleurs !
Et qui préside, hélas ! à toutes ces horreurs ?

C'est l'homme, c'est le roi..., celui qui, pour sa gloire,
Et pour orner encor sa brillante mémoire.
De son peuple à grands flots fait couler le sang pur.
Pourtant, rien ne ternit son immuable azur.... ;
Et qu'importe qu'en bas, dans l'ombre épaisse, on crie?
Le prince est tout-puissant, a dit la flatterie.
Peuple, éternel martyr, que lui reproches-tu ?
N'est-ce pas un grand homme, un modèle en vertu ?

De ce tigre altéré pourquoi baiser la trace?
De tes malheurs ainsi tout souvenir s'efface,
Puisque mort de chagrin, couvert encor de deuil,
Au-devant du vainqueur, qui, gonflé par l'orgueil,
Ne te voit même pas, tu cours, foule emportée,
Sous les pieds des chevaux indignement heurtée...
Va !... cherche des rameaux, couvres-en le chemin,
Et promets de tes fils le reste pour demain !...

Quand donc te plaira-t-il, fragile créature,
De jouir aussi, toi, des biens de la nature ?

Point de gloire ou d'honneurs, l'humble paix te suffit.
Est-il race de loups où la guerre se fit ?
Va sur les monts, aux champs, dans les bois et sur l'onde,
Observe dans les cieux l'immensité du monde,
Partout l'hymne éternel de la création
Célèbre de la paix la féconde action.

Oui, sans doute, il est beau de voir à la bataille
L'ardeur de nos soldats au sein de la mitraille,
L'escadron s'élancer en sombre tourbillon
Sillonné par l'éclair jaillissant du canon !
Insensible au danger, à son devoir fidèle,
Chacun est un héros... Mais la nuit, d'un coup d'aile,
A bientôt répandu sur les mortels débris
Un lugubre silence entrecoupé de cris !

Le champ de gloire alors n'est qu'un champ de carnage,
Effroyable chaos des effets de la rage.
Dans sa lente agonie, en vain se débattant,
Sans secours terrassé, l'un expire en luttant :
Un autre, un peu plus loin, crie, appelle sa mère ..
L'écho seul lui répond, dérision amère !
Triste, entouré d'horreurs, il attendra demain...
Mais la mort attentive aura crispé sa main !

Que peut-on voir encor, grand Dieu, de plus terrible
Que cet amas confus, presque sans nom, horrible !

Des morts et des mourants sur la plaine étendus,
Caissons tout en morceaux, fusils brisés, tordus,
Hommes, chevaux sanglants, répandant leurs entrailles,
Sans compter ces débris, sort hideux des batailles,
Sur lesquels s'abattront, comme sur des tombeaux,
Croassant et criant, les sinistres corbeaux !

On se serre la main, au triomphe on s'apprête,
Magistrats et soldats, peuple en habits de fête,
Célèbrent à l'envi les hauts faits du vainqueur,
Des louanges à Dieu s'élancent de tout cœur !
Mais, là-bas, sous le chaume, autrefois plein de joie,
Pâlis par le chagrin auquel ils sont en proie,
Gémissent des parents près d'une femme en pleurs !
Lorsque sur son passage on répand tant de fleurs,
L'heureux roi songe-t-il aux belles fleurs tombées,
Que son ambition au peuple a dérobées ?

Mais écoute, ô martyr, dessille enfin tes yeux,
Une aurore nouvelle emplit déjà les cieux.
De l'éblouissement de ce centre magique.
Descends enfin sur nous, figure séraphique.
La maîtresse du monde, espoir des nations
Liberté ! liberté ! brise nos passions.
Renverse les tyrans ennemis des lumières,
Adoucis les heureux, réjouis les chaumières !
Chantez, peuples, chantez ! Plus d'orgueil, plus de fiel !
Un seul peuple sur terre, un seul Dieu dans le ciel !

Je ne résiste pas au besoin de faire quelques réflexions sur cet imparfait essai. D'où me venait ce feu, cette veine poétique? Qu'est-ce qui avait ainsi ouvert mon imagination fermée jusque-là? Ne pouvant résoudre ce problème, je suis tenté de croire que je devais cet ébranlement de mes facultés aux prodigieux événements qui s'accomplissaient et auxquels j'avais malheureusement cessé de prendre part. Exaltations, enthousiasmes, ardeurs guerrières, émotions diverses, espoirs soudains suivis de découragements; douleurs, regrets, désespoirs de patriotisme; explosions de colère contre nos ennemis, de navrantes sympathies pour nos frères d'armes frappés de mort, tout cela, je le crois, je le sens, avait transformé, refait ma nature, en la jetant sur la voie des grandes passions humaines et des plus sublimes sacrifices!

Pendant que j'écrivais ces vers indignés, le prisonnier de Wilhelmshœhe se laissait bercer du chimérique espoir d'une restauration prochaine. Entouré de quelques hommes de sa cour dispersée, plus fidèles peut-être à leurs intérêts qu'au malheur ; incessament flatté par des journalistes depuis longtemps attachés à sa fortune, il rêvait de reconquérir le cœur de ses soldats qu'accablait la honte de leur défaite ! C'est sans doute dans ce but que je reçus un grand journal intitulé *le Drapeau*, dont l'abonnement m'était offert au prix de un franc cinquante par mois ! Tous mes camarades furent honorés de la même attention et durent lui faire le même accueil. Voici ma lettre, que les autorités prussiennes se refusèrent à faire parvenir à son adresse :

« Monsieur,

« Je vous remercie de l'envoi que vous me faites de votre journal. Je ne sais, tant il m'est difficile de le croire, si, comme tout l'indique dans votre feuille, on se berce réellement de l'illusion d'une restauration bonapartiste. Dans tous les cas, Monsieur, il y a pour moi un fait qui, par son éloquence même, se place bien au-dessus de tous vos raisonnements. Une famille s'est emparée du trône de France, et, seule, parmi celles qui ont eu l'honneur de gouverner notre pays, elle a eu le malheur d'amener trois fois l'étranger sur le sol de la patrie. Sans vouloir m'attacher aux causes, je crains trop les suites d'une quatrième expérience pour la favoriser en quoi que ce soit.

« D'un autre côté, permettez-moi de vous le dire, je n'aurais jamais pu soupçonner qu'après l'immense humiliation qu'on nous a infligée, un seul homme eût l'odieuse pensée de nous charger encore de la honte d'imposer à notre France si admirable un gouvernement qui, *sous tous les rapports*, a fait son temps... Nous sommes Français, nous, Monsieur, et pas autre chose.

« Je vous prie donc de cesser, pour ce qui me concerne, l'envoi d'une feuille qui cadre aussi peu avec mon honneur qu'avec mes opinions.

« Veuillez agréer, etc. »

A Monsieur le rédacteur en chef du journal le Drapeau.

V

Je sentais cependant se déchirer peu à peu les voiles de ma sombre mélancolie. C'était le premier bienfait de mes livres qui, en retraçant les malheurs de l'humanité à tant d'époques différentes, calmaient en moi l'amertume des événements présents. Je m'efforçais de considérer la vie au point de vue philosophique, de ne voir dans les calamités qui frappent tantôt un pays, tantôt un autre, que d'inévitables et peut-être nécessaires accidents. Mais au moindre vent politique tombaient ces trop vaines résolutions. C'est ainsi que la nouvelle de l'entrée des Prussiens à Rouen et à Orléans me jeta dans un nouvel accès de douleur. Mais, supposant que le général abandonnait à dessein ses positions, je n'étais pas loin de lui prêter les projets que, dès le principe, ma propre imagination avait rêvés. Il n'y avait pas à sauver telle ou telle ville ; il fallait concentrer la majeure partie de nos armées sur la Loire ; attirer de ce côté une portion des troupes qui investissaient Paris, portion qui serait d'autant plus considérable que nos propres forces seraient plus imposantes. Pendant ce temps, une armée du Nord aurait fait une trouée à travers les lignes dégarnies des assiégeants, dans l'unique but de ravitailler la capitale.

Ce qui contribuait à me soutenir dans cette illusion, c'est que nous comptions déjà quelques succès. J'avais donc tout lieu de croire que ces jeunes armées finiraient par s'aguerrir et offrir à l'ennemi une sérieuse résistance.

Quelque peu rassuré par cet espoir, je sortis dans l'intention de faire plus ample connaissance avec la ville. Je me rappelai qu'on m'avait souvent parlé du musée Senckenberg, musée d'histoire naturelle. C'est, en effet, une superbe collection d'animaux de toute espèce, de minéraux et de squelettes. Celle des oiseaux est surtout remarquable par ses variétés. Comme le musée n'était pas public ce jour-là, je m'y trouvais seul. J'en gravis tous les étages, divisés en galeries. Je parvins à la plus élevée. Là, se trouvent réunis, comme spécimens de la conformation de la tête chez tous les peuples, et dans un ordre parfait, des crânes d'Anglais, de Français, de Chinois, d'Allemands, d'Africains, etc., etc. C'est une idée singulière et bizarre, car, quel que soit le fondement de la phrénologie, on ne peut ignorer que la tête d'un enfant, extrêmement tendre et malléable, ne subisse des dépressions considérables qui doivent déranger les calculs de ses oracles. C'est ainsi que, dans le midi de la France, l'usage des serre-tête pour les enfants leur donne une forme oblongue. Il est bien entendu que je ne fais aucune allusion aux différences caractérisques qu'on remarque chez les diverses races.

J'en avais fait le tour, quand je me trouvai en face d'une momie, dépouillée de son sarcophage, et placée debout derrière la vitrine. La disposition d'esprit où j'étais me plongea dans un monde de réflexions. Je restai plus d'un quart d'heure à contempler ce vestige du plus lointain passé, et, rentré chez moi, je fis sur ce sujet les vers que voici :

LA MOMIE

Quand donc as-tu vécu, triste être déformé?
Quel emploi fut le tien ? En est-on informé?
Est-ce d'un grand seigneur que je vois la carcasse,
Ou de quelque poëte aspirant au Parnasse?
Qu'as-tu fait? dis, voyons ? Grand est mon embarras
Pour t'assigner le rang où jadis tu brillas,
Si toutefois alors tu faisais quelque chose?
Ne t'effarouche point, ne deviens pas morose,
Et sache pardonner à ma curiosité
De rechercher sur toi la simple vérité.
J'ai beau questionner les livres ou l'histoire,
Nul homme ne sait plus, et tu peux bien m'en croire,
Autre chose sinon que d'Égypte enlevé,
Jusques à nous tu vins, par l'huile conservé.
Te voilà maintenant l'objet de la sellette.
Mais j'ai pitié de toi, va, mon pauvre squelette,
Car, vois-tu, si, jadis, pour amasser plus d'or,
Tu voulus sans raison, malgré tout ton trésor,
De la vie écarter la pure jouissance,
Vraiment je te plaindrai en toute conscience,
Surtout en te voyant dans ce piteux état.

Encor si, grand, puissant, superbe potentat,
Et respectant d'un roi l'auguste ministère,
Ton nom de son éclat avait rempli la terre,
Peut-être tel ou tel d'entre les Pharaons
Fixerait-il alors mes hésitations ?
Mais considère aussi dans quelle incertitude
Nous jette de vos rois la sombre multitude !
Si, quand, pour un tel rang, effroi des nations,
En dépit des efforts de vos constructions,
La vérité toujours à notre esprit se voile,
Que dirai-je de toi, brillante ou pâle étoile ?
Ah ! c'est que rien ne reste en notre dur séjour !
Les plus beaux souvenirs, le plus ardent amour,
Le renom et la gloire, et tout ce qu'enfin l'homme
Dans sa vie a rêvé va disparaître en somme,
Malgré tous ses travaux, ses soins et ses tourments,
Dans l'abîme sans fond, sombre gouffre du temps,
A tout moment creusé par le siècle qui tombe,
Sans que son poids altère en cette vaste tombe
Son silence effrayant !... Non, rien ne reste, rien !
Ici, non ! mais en haut ? Homme, le sens-tu bien,
L'immense amour de Dieu n'est-ce pas un abîme
Où la fleur du pardon se colore et s'anime,
Où de ce triste monde il ne sera compté
Que la seule vertu, l'austère probité !...

Je me crus lancé sur le chemin du Pinde, et par une belle nuit d'hiver, m'égarant sur les bords du Mein, qui traverse la ville, je rêvai aux nuits d'été de ma malheureuse patrie. Ainsi mon esprit surexcité passait de ces rives, où la lune épandait en ce moment ses froids rayons, aux rives enchantées de nos fleuves et de nos lacs. Plein de ces images, j'écrivis cette rêverie :

Quel plaisir d'errer seul par une belle nuit,
Lorsque le grand silence a remplacé le bruit,
Quand le pâtre attardé regagne sa demeure,
Que du repos enfin la cloche a sonné l'heure,
Et qu'à travers le bois, sur la route voûté,
Filtre discrètement un rayon argenté !
Que j'aime ton beau temple, admirable nature !
Temple toujours ouvert à l'humble créature ;
Ce ciel tout étoilé ; ces immenses rochers
De leur ombre couvrant le faîte des clochers ;
Ces murmures confus, qu'on ne saurait décrire :
Cet air tout embaumé ; la brise qui soupire
En se jouant le soir dans l'herbe et les rameaux,
La plainte qu'on entend sortir des frais ruisseaux,
Dont l'onde en chuchotant descend de la montagne,
Entraîne les galets, puis se repose et gagne,
Après mille détours, le grand lac aux flots bleus !
Spectacle ravissant, sublime, merveilleux,
Que de fois j'ai subi ton heureuse influence !

Que de fois, renaissant à la sainte espérance,
J'ai trouvé tout meilleur et dans l'homme et dans moi,
J'ai ployé le genou devant le divin roi!
Savourons cette paix qui dans l'âme se glisse,
Et par qui Dieu permet qu'elle se rafraîchisse;
Fuyons la voix du monde et tout son faux brillant;
Laissons l'ambitieux à son rôle éclatant,
Et suivons les conseils de la sage nature
Qui d'un cœur ulcéré sait fermer la blessure!

Je trouvais un grand charme à composer de la sorte. Je n'avais jamais mieux compris l'extrême affinité de ces deux arts, la poésie et la musique. Je dus en être vivement pénétré en en écrivant ces vers :

LA MUSIQUE

O musique, art divin, de Dieu même interprète,
Verse, verse sur moi l'extase que nous prête
Ton pur frémissement!... Par tes vibrations
Tu transportes les cœurs, et tes impressions
Les remplissent soudain d'une douce harmonie.
Partout je te retrouve à ma pensée unie!

Quand de l'orgue pieux l'enivrante langueur
S'exhale encor tremblante, et que, pâle lueur,
Le feu brille à l'autel, je sens que ma prière,
Soulevée avec toi, s'élève tout entière,
Que sanglots et parfums et chants religieux
Montent, comme un soupir d'ici-bas, vers les cieux !
Quand le dur frottement de tant d'hommes m'accable,
Et que la vanité de ce monceau de sable,
Qu'on appelle le monde, a desséché mon cœur,
Je cours vers les forêts où règne la fraîcheur,
Je m'enfonce bientôt sous leur feuillage sombre,
Et tandis que calmé je délecte leur ombre,
J'écoute mille voix, concert mélodieux,
Chant sublime, plein d'âme et tout mystérieux
Que le vent fait entendre à travers les vieux chênes.
O musique ! c'est toi qui, pour chasser mes peines,
Divine enchanteresse, empruntes cette voix
Du souffle qui gémit dans les branches des bois.
Par toi, l'Océan gronde et la vague plaintive,
Par la vague poussée, expire sur la rive.
C'est par toi qu'Haydn chanta cette création,
Qui, de ton art sacré noble conception,
Déborde de beautés, de riche poésie...
Par toi je ne sais plus ce qu'on nomme hérésie !
Quand j'entendais de Dieu proclamer la bonté,
Au temple où j'écoutais, je n'ai pas discuté
La nuance existant dans les profonds mystères,
Entre ceux qui priaient et moi, l'un de leurs frères...

L'univers apparaît comme un vaste instrument,
D'où quelque chant divin s'échappe à tout moment.
Depuis le roulement effrayant du tonnerre,
Tout, jusqu'à ce silence éloquent de la terre,
Qui dans l'éclat des nuits parle tant à nos cœurs,
Se transforme pour nous en de célestes chœurs,
Et s'élevant sans cesse, ô musique féconde,
Est l'immense prière au Créateur du monde !

VI

Mais si l'on peut, pour un temps, secouer la tristesse qui vous accable; quand la cause en est permanente, toujours poignante, s'aggravant même de la pensée que tout est perdu, elle retombe bien vite sur vous de tout son horrible poids. J'essayais de détourner ma vue du lamentable spectacle de nos infortunes, ce que je ne pouvais faire sans rencontrer des images non moins tristes. Il y avait plus de vingt ans qu'ici même, dans ces mêmes lieux devenus ma prison, j'avais reçu les caresses de ma grand'mère maternelle. Française de naissance, elle ne cessa jamais de l'être de cœur. Elle n'était plus depuis longtemps. En proie à mes sinistres pensées, je me dirigeai vers le lieu où elle repose. Il est à quelques pas de la ville. On y arrive par des rues solitaires. De la porte d'entrée qu'on prendrait elle-même pour deux mausolées joints ensemble, on embrasse d'un seul coup d'œil toute l'étendue de cette nécropole. Malgré les indications qu'on m'avait données, je cherchai longtemps dans ces allées sablées et remplies d'ombre comme celles d'un parc. La piété des Allemands pour les morts est très-grande. Aussi ce lieu du repos n'a-t-il pas l'aspect souvent désolé de nos cimetières. Pas une tombe n'y est abandonnée. Les couronnes et surtout les fleurs en font en toutes saisons un véritable jardin. Je parvins au tombeau de la mère de ma mère !... Il est entouré d'arbres verts dont les branches semblent le protéger et le bénir :

Des arbres maintenant protégent l'humble pierre
De leurs longs et noirs rameaux !
Les sombres festons de lierre
Lui font comme un rempart de leurs nombreux anneaux.

Tu reposes enfin, trop malheureuse mère !
Et le silence, la paix
A d'une existence amère
Remplacé pour toujours le si douloureux faix.

Héroïque ici-bas, tu fus ange sur terre.
Le pauvre le sait le mieux,
Et notre céleste Père,
Admirant tes vertus, t'aura faite ange aux cieux !

En sortant de cette silencieuse retraite, je jetai un regard sur la plaine qui se déroulait devant moi, et que termine à l'horizon l'ondoyante chaîne du Taunus, sur la cîme duquel s'éteignaient à cette heure les derniers rayons du soleil.

Agité par ces impressions, je réfléchissais sur la destinée humaine. La plupart de ceux qui gisaient dans ce lieu funèbre avaient fini au sein de leur famille, dont ils avaient pu recevoir les derniers témoignages. Comment ne pas reporter ma pensée sur tant de victimes de la guerre, et notamment sur ceux tombés à Metz ?... entre autres, sur toi, digne ami, que je ne cesserai de regretter[1] ! Rentré chez moi, j'adressai cet hommage à sa douce mémoire :

[1] Sarraill.

A ABEL SARRAILH

Lieutenant au 12e bataillon de chasseurs, blessé le 16 août 1870
à Gravelotte, mort à Metz un mois après.

Un jour, c'était au mois plein de fleurs, plein d'amour,
Qui fait murmurer l'eau, verdir la vieille tour,
Frissonner la forêt que le zéphir caresse...
Un jour où l'on se sent rempli de folle ivresse,
Tu vins nous voir, Abel... Que nous étions heureux !
On semblait envier notre groupe joyeux.
Te souviens-tu, dis-moi, des douces causeries
Que nous faisions ensemble à travers les prairies
Sans jamais nous lasser?.... Hélas ! Pourquoi, Seigneur,
M'avoir pris mon ami, mon ami le meilleur ?
Avais-je donc, mon Dieu, trop de joie en ce monde,
Pour que donné, repris, ainsi que passe l'onde,
Il ait passé rapide en mon ciel nuageux !
Mais tandis que de l'eau le bord capricieux,
Ingrat dans son plaisir, perd aussitôt la trace
Du flot qui l'humecta, moi je sais bien la place,
Au champ de Gravelotte, où mon ami blessé,
De son sang tout rougi, pour mort était laissé.
Je sais le lazaret et toute sa souffrance !
Tantôt le désespoir et tantôt l'espérance !
Oui, mais je sais aussi qu'après tant de douleur,
Sa belle âme jouit du suprême bonheur !...

Sommeille doucement ! Que la brise légère
Apporte, le matin, dans ton séjour austère,
Le parfum de la fleur, le doux chant des oiseaux,
Le souvenir des tiens, la fraîcheur des ruisseaux.
Mais, Abel, quand le soir, pour calmer mes alarmes,
Je lève vers le ciel mes yeux remplis de larmes,
Qu'un sourire de toi, rayon de l'amitié,
Vienne adoucir le poids de ma captivité !

Douleurs ! Deuils éternels ! Mort... terrible problème ! Je vous résumai en ces quelques mots :

LA MORT

Antre mystérieux, ton silence épouvante...
Que fais-tu de tous ces morts
Qu'engloutit, gueule béante,
Ton gouffre insatiable aux funestes abords ?
Es-tu l'aube renaissante,
Ou la fin de nos efforts ?

Quand je vois un cercueil descendre dans la terre,
J'attends... j'écoute... surpris
Qu'il ne sorte du suaire

Une voix exprimant un formidable avis !
A l'insensible poussière
Dieu rend ce qu'il en a pris !

Inexplicable énigme, ô mystère insondable !
Un homme vient de parler
Et bientôt, chose effroyable !
Il se trouble, s'affaisse et commence à râler,
Sans qu'une main secourable
Puisse au jour le rappeler !

Il touche à l'infini... mais sa bouche est muette !
Pas un mot, pas un regard,
Rien qu'un soupir que répète
L'indifférent écho... Puis le rayon blafard
D'une lampe qui rejette
Une ombre dans un brouillard !

Que s'est-il donc passé dans un si court espace ?
Quel principe l'a quitté ?
Mais quoi ! Déjà sur sa face
Une teinte bizarre, altérant sa beauté,
Laisse la livide trace
De notre fragilité !

Mort... tu n'est pas la mort ! En ton sein l'existence
Ne fait que se transformer;
C'est une autre qui commence.
Quelle vie en ce corps déjà vient de germer ?
Mort ! N'est-ce pas renaissance
Qu'il nous faudrait te nommer ?

VII

Ce lamentable sujet reportait mon esprit sur ce roi qui, dans ses vieux ans, retrouvant la fière ardeur de sa jeunesse, avait osé entreprendre une guerre pareille. Je dis entreprendre, car, ne l'eussions-nous pas déclarée, la guerre éclatait fatalement par la simple raison que les Prussiens étaient prêts et que nous ne l'étions pas. Quoi qu'il en soit, ce monarque trouvait sans doute sa couronne trop légère, puisque les princes d'Allemagne lui offrirent celle d'empereur, sans se soucier autrement de la volonté de leurs peuples. Ils ont cru par là constituer l'unité allemande. Mais peut-on appeler unité la réunion de peuples ayant chacun leur roi, se dénigrant les uns les autres et détestant unanimement les Prussiens? N'est-ce pas plutôt une confédération de peuples, assise sur de nouvelles bases, sous le protectorat du plus puissant d'entre eux? Si l'on reconnaît que M. de Bismarck a été habile en faisant croire à l'Allemagne qu'il travaillait à son unité, on devrait bien en même temps parler de la vue bornée des Allemands qui s'aperçoivent si tard que, sur tous les champs de bataille, ce sont leurs troupes qu'on a mises en avant, comme si on eût voulu détruire leurs forces vives, pour n'avoir pas à les craindre plus tard. Ils s'en aperçoivent aujourd'hui et ne veulent pas en convenir, tant ce mot *unité* les aveugle, tant l'idée de devenir un grand peuple les transporte d'orgueil. Ils ne tarderont pas à savoir ce que leur coûtent les provinces annexées. Ils n'en soupçonnent même pas le prix. La Prusse le connaît, elle. Il n'y a qu'en Allemagne qu'on semble ignorer toutes les manœuvres que la Prusse est capable d'employer pour atteindre son but. Nulle puissance n'a mieux pratiqué le principe, *La fin sacre les moyens.*

Nous ne nous y trompions pas, nous, prisonniers. Depuis quelque temps, on nous tracassait de plus belle. On voulait en arriver à nous surveiller de plus près. Cela devint tellement violent, qu'à la fin, de guerre lasse, nous désirions être enfermés. Ils commencèrent par faire répandre le bruit d'une révolte des prisonniers à Rastadt. Puis vint la nouvelle, habilement publiée, de la découverte d'un grand complot qui, parti de Mayence, aurait embrassé toutes les villes du Rhin dans sa trame. On alla jusqu'à prétendre qu'on l'avait déjoué, grâce aux révélations d'un officier français sur le point de mourir. On y avait, disait-on, distribué quinze cents fusils, etc., etc. Et ces bons Francfortois donnaient en plein dans ces récits calomnieux, eux qui avaient été victimes d'un fait semblable, lors de l'occupation des Prussiens en 1866. Pour être en droit d'exiger une plus forte contribution de guerre, ceux-ci avaient fait insérer dans les journaux que, des bourgeois ayant traîné le général X... par les cheveux dans les rues de la ville, cette dernière payerait double contribution. Ce fait authentique, si connu de tous les habitants, ne les empêchait pas de croire sur parole le gouvernement de la Prusse et de nous dire : « Vous n'avez pas à vous plaindre des exigences nouvelles de la *comman-datur*; elle est bien obligée de prendre ses pré-cautions; » et bien d'autres réponses du même genre.

Ce qu'il y a surtout de remarquable, c'est le *crescendo* qu'ils suivent dans ces sortes de choses. Aux nouvelles précédentes succéda la communi-cation que voici :

« 1° Les officiers devront être rentrés à neuf heures du soir.

« 2° Des officiers s'étant servis de tiers pour écrire à leurs familles, les familles Rapp et Bau-mann leur sont interdites. On les prie de se mé-fier des familles dans lesquelles ils entrent, car plusieurs d'entre eux ont été de cette façon vic-times d'espionnage auprès du gouvernement.

« 3° Des prisonniers allemands, officiers et soldats, ont été enfermés à Stenay dans des pri-sons, conjointement avec des *criminels français*. Il leur est défendu de regarder par la fenêtre. Ils ne reçoivent qu'une nourriture très-maigre, et encore après les criminels français. Leur soupe est faite en ajoutant des *seaux d'eau* à la cuisine des criminels français ; et enfin, le soir, on les enferme, deux par deux, dans des cellules sur la porte desquelles il y a encore des inscriptions telles que celle-ci : Voleurs ! »

J'avais trouvé cette pièce tellement étrange, curieuse et caractéristique, que je demandai l'autorisation de la copier. Je la donne telle quelle. Voilà les moyens dont se servait ce gouvernement hypocrite, pour restreindre nos libertés, violant ainsi les articles de la capitulation, et s'étonnant ensuite que des officiers se crussent par cela même déliés de leur parole.

Nous nous attendions tous les jours à des représailles de leur part. Ils n'osèrent pas. Mais l'ordre suivant fut envoyé de Berlin :

« Les officiers prisonniers seront divisés en escouades de dix, entièrement solidaires les uns des autres. Si un officier parvient à s'évader, on prendra un certain nombre d'officiers de son escouade qu'on mettra *sous verroux*. Dans ce cas, on choisira de préférence les amis ou les connaissances de l'officier évadé. »

Cet ordre barbare fut exécuté dans quelques villes. A Francfort, personne n'y donna lieu. Cette manière d'agir n'en pesait pas moins lourdement sur nous. Sans doute il était du devoir de nos geôliers de nous garder, d'exiger de leurs employés, au chemin de fer ou sur les routes, la plus stricte surveillance : mais il ne leur était pas permis de revenir sur les termes mêmes d'un traité, qui nous accordait *toute liberté dans notre résidence.* Le temps des solidarités aveugles n'est plus : la responsabilité ne peut être que personnelle.

Mais cette rigueur et ces excès n'étaient que la conséquence du système de barbarie qu'ils appliquaient en France. Ils arrêtaient des citoyens inoffensifs qu'ils envoyaient comme otages en Allemagne. C'étaient surtout des vieillards. On cite même une comtesse des environs de Rouen. Un jour, nous apprîmes l'arrivée de M. le baron Thénard, âgé de plus de soixante-dix ans, et de trente-neuf bourgeois de Dijon. Ils étaient de passage à Francfort. Nous restâmes quelques heures avec eux. Ils nous racontèrent qu'ils avaient été pris, parce que notre marine avait fait prisonniers plusieurs capitaines du commerce prussien, et que le roi de Prusse exigeait un nombre égal d'otages. Le baron Thénard a fait cette belle réponse à l'officier prussien qui venait l'arrêter au nom du roi : « Si votre maître a besoin de la peau d'un baron, prenez-là ; s'il veut ma fortune, volez-la ; quant à mon honneur, il est au-dessus du roi de Prusse. »

Ces vexations n'étaient que le résultat de l'ennui profond que causait aux Allemands la longueur de la guerre et de la peur continuelle où ils étaient de voir enfin la victoire nous revenir. Il est vrai que la France montrait une grande énergie à ce moment, des légions se formaient à Lyon ; l'une d'elles se composait de dix mille Alsaciens qui avaient fui leurs foyers. Mézières, Longwy, allaient capituler, mais le général Faidherbe battait Manteufel à Noyelles. Les Prussiens subissaient des pertes énormes devant Belfort, où leur coûta si cher le seul assaut qu'ils aient osé tenter dans toute cette campagne. Le mont Avron était abandonné, mais le général Faidherbe sortait du quadrilatère du Nord, où il s'était retiré, pour battre de nouveau les Allemands à Bapaume. Et pendant ce temps, le général Chanzy faisait une pénible retraite, illustrée par une foule de combats heureux.

Cette période, qui semblait être comme un retour de la fortune, donnait de sérieuses inquiétudes à toute l'Allemagne. Aussi l'autorité prussienne nous surveillait-elle avec plus d'attention que jamais. Je dus à la crainte de notre évasion la réponse qu'on va lire. La variole faisant de grands ravages dans la ville, j'avais cru prudent de me faire vacciner. Comme l'inflammation était devenue très-grande, mon médecin me dit que je serais probablement obligé de garder la chambre pendant deux jours. J'en avertis le général, en le priant de vouloir bien m'indiquer les mesures qu'il croyait nécessaires à ma surveillance. « Non, Monsieur, me répondit le général hessois, en Prusse, les soldats vaccinés se mettent un morceau de linge autour du bras et sortent; vous direz à votre docteur que je ne juge pas utile que vous gardiez la chambre. »

Ainsi l'autorité prussienne se croyait assez infaillible pour donner des leçons à l'un des premiers docteurs de la ville ! Je ne manquai pas de raconter le fait aux amis de mon oncle et de leur dire : « Vivez en paix, si jamais vous êtes malades, votre général vous guérira. »

Mais qu'était-ce que tout cela à côté des horribles nouvelles qui coup sur coup vinrent jeter le désespoir et l'abattement parmi nous ? Nous commencions à espérer de nouveau, lorsque, dans le court espace de quinze jours, nous apprîmes la défaite du Mans, puis celle de Saint-Quentin, puis la capitulation des forts de Paris ! Un armistice sur terre et sur mer fut signé peu après. J'étais navré, abîmé, ne sachant plus que penser. Pourtant je fus soutenu par un faible rayon d'espoir, quand on m'apprit que, du côté de l'est, l'armée de Bourbaki n'était pas comprise dans l'armistice. Mais cette confusion était encore le fruit des artifices germaniques. L'illustre et infortuné général, vaincu par les privations, par un froid sibérien, très-mal soutenu par Garibaldi qui s'était laissé grossièrement tromper par l'ennemi, et surtout vaincu par le fatal destin qui nous poursuivait, vit son armée obligée de demander la généreuse hospitalité de la Suisse, qui, par ses sympathies et son dévouement, allait établir un lien indestructible d'amitié et de reconnaissance entre les deux peuples.

Pendant ce temps, le roi Guillaume, ou plutôt le nouvel empereur, venait prendre en Allemagne un avant-goût du triomphe. Il devait passer par Francfort. Quoiqu'il m'en coûtât beaucoup, je résolus d'assister à la réception qu'on allait lui faire. Je voulais me rendre compte de l'aptitude des Allemands à se laisser prussianiser,

On fit d'énormes préparatifs. Un immense arc de triomphe fut élevé à quelque distance de la gare. Il était surmonté d'une statue colossale représentant la Germanie, avec cette inscription : *Heil Deutschland!* (Salut, Allemagne!) Les côtés étoient couverts de tous les noms de batailles, combats ou siéges; Belfort même y était compris, et ils l'assiégeaient encore! De cet arc de triomphe, c'était une véritable avenue artificielle, ornée de fleurs, d'oriflammes, conduisant à un autre arc de triomphe, fait d'arbres et de guirlandes, et supportant une couronne impériale d'une grandeur démesurée. Sur ce dernier arc se lisaient les dates des trois entrées dans Paris !

Toute la ville avait rivalisé de frais. J'ai vu des maisons, dont tous les détails d'architecture étaient, depuis le haut jusqu'en bas, remplacés par des guirlandes de fleurs. Quand le cortége parut, ce ne fut qu'une immense explosion de cris et de hourrahs. J'étais étourdi, ne croyant plus être entouré d'Allemands, mais de Prussiens. Le roi était radieux et souriait à ses nouveaux sujets avec cette bonhomie allemande qui nous a si longtemps trompés et nous coûte si cher. Derrière, et seul dans une voiture, était le général de Moltke qui fut l'objet d'une ovation toute particulière à laquelle il ne répondit que froidement, comme le voulait sa nature impassible. Si je ne me trompe, la figure de ce Danois exprime autant de dureté que de finesse.

Les fenêtres étaient remplies de dames qui agitaient leurs mouchoirs en signe d'allégresse. Ces mêmes dames, en 1866, ne portaient que des rubans blancs et rouges, couleurs de la ville libre. Le soir, toutes les maisons s'illuminèrent, et un cortége, éclairé de plus de dix mille torches, parcourut les divers quartiers en chantant *die Wacht am Rhein* (la garde au Rhin), chant patriotique composé pour cette guerre.

Je ne pus supporter la vue de tant d'ivresse. Je rentrai pour m'enfermer dans ma chambre.

Pendant huit jours, partout où je portais mes pas, retentissaient à mes oreilles deux canons français qu'un brasseur avait obtenu la permission de désenclouer et de faire tonner à toute heure. Je ne puis dire l'effet que produisait sur moi le bruit de ces canons captifs qui, destinés à nous défendre, semblaient nous railler sur la terre étrangère !

VIII

Ainsi, tout semblait consommé. Une paix plus ou moins onéreuse allait être la suite de cet armistice, alors que nous étions loin d'être épuisés, désarmés.

Quel siècle que le nôtre ! Il est le plus grand effort de l'humanité en toutes choses. Si on le juge d'après les progrès obtenus de nos jours, il est peut-être le plus extraordinaire. Mais, si on le juge d'après les mouvements sociaux et les événements accomplis, bien qu'il se soit noyé dans le sang et les larmes, on peut le dire sans pareil. Quel sujet d'orgueil et de regrets n'est-il pas pour nous Français ! S'il a vu les merveilles et l'impérissable gloire du premier empire, il a vu toutes les chutes, toutes les hontes du second !

Écrasé sous le poids de ces réflexions, je m'efforçais de m'en distraire en me plongeant dans l'étude du passé, où se rencontraient aussi tant de douleurs et de catastrophes. J'étais loin d'y trouver des consolations. Où pouvaient-elles être en ce moment si pénible où la joie de nos ennemis m'étreignait jour et nuit? Je me réfugiai dans les lettres, où ceux qui souffrent sont toujours sûrs de trouver quelque adoucissement à leurs peines. Je relus les philosophes, je relus les poëtes, surtout les poëtes modernes, ceux qui ont fait de notre époque une grande époque littéraire, et ma veine, un instant déconcertée, s'échauffa de nouveau. Je laissai ma muse, si novice encore, me visiter jusqu'à l'importunité, et c'est ainsi que, successivement, sous son imparfaite inspiration, je traitai quelques sujets qui, quoique sans rapport pour la plupart avec le sentiment de ma triste situation, finissaient toujours par m'y ramener. J'en transcris ici quelques-uns, sans y ajouter d'autre importance que celle du souvenir.

L'HIRONDELLE

Soun ritournados las hirundellos.
(JASMIN, poëte languedocien.)

O mes chères hirondelles,
Vous avez de ce séjour
Quitté les beaux nids d'amour.
Plus heureuses que moi, vous allez à coups d'ailes
Vers les pays lointains où fleurit le printemps.
Vous reconnaîtrez sans peine
La demeure jadis pleine
De vos doux empressements !

Mais moi, bonnes messagères,
Je reste ici désolé,
Me sentant plus exilé
Quand je vous vois partir de vos ailes légères,
Et que, suivant de l'œil votre brillant essaim,
Il me semble que la France,
Où m'appelle l'espérance,
Va vous saluer demain.

O mes belles voyageuses,
Qui fuyez bien loin de moi,
Savez-vous dire pourquoi
Nous sommes malheureux, tandis que vous, joyeuses,

Suivant de vos destins le mystérieux cours,
Ignorez encor les larmes;
Jamais les sombres alarmes
N'attristèrent vos amours.

« Ami, cesse de te plaindre,
« Car la même volonté
« Pour la sainte liberté
« Nous créa tous les deux, mais, au lieu de la craindre,
« A son divin pouvoir notre peuple est soumis.
« De ton pays jusqu'aux Slaves,
« Je ne vois que des esclaves;
« Le bien est où Dieu l'a mis. »

Ainsi l'agile hirondelle
Me répondit en passant
Et sans doute se lassant
De mon triste discours, ce fut d'un seul coup d'aile
Qu'elle joignit des siens le tourbillon joyeux. .
Partez, charmantes compagnes!
Allez sourire aux montagnes
De l'exilé malheureux!

LA GLACE

O vous que le plaisir
Appelle sur la glace:
Qui lancez dans l'espace

Et cherchez à saisir
Les boules éclatantes
Sur les plaines glissantes
Que l'on voit resplendir...

Vous aussi, belles dames.
Qui, d'un pied si léger,
Aimez à voltiger
Sur vos mobiles lames :
Qui n'avez pour la peur
Qu'un beau rire moqueur,
O téméraires femmes !

Et vous, dans vos traineaux
Qu'un beau cheval entraîne
A perdre toute haleine
Sur les tristes ruisseaux,
Passant comme des ombres
Devant les lueurs sombres
De ces mille flambeaux...

Et vous, troupe joyeuse,
Qui toujours vous poussant,
Allez vous ramassant,
D'une mine rieuse...
Cet immense manteau,
Qui couvre le coteau.
Rend mon âme rêveuse !

Je songe à nos soldats
Auxquels une blessure
Inflige la torture,
Après tous ces combats,
De passer dans la neige
La longue nuit qu'abrége
L'espoir seul du trépas !

Je pense au misérable,
Dont l'âtre n'a de feu
Que pour calmer un peu
Le frisson qui l'accable,
Qui sans secours gémit,
Dont la paille est le lit,
La demeure une étable !

O vous que le plaisir
Appelle sur la glace
N'oubliez pas la place,
Où le froid peut saisir
Le soldat sur la plaine,
Ni l'étable malsaine
Où l'on entend gémir !

On le voit, j'avais beau invoquer les images riantes ou doucement mélancoliques, le trait dont j'étais atteint me faisait parfois pousser un cri plaintif :

LE PRISONNIER

Hélas ! du prisonnier je connais l'amertume !
Ni plaisir, ni repos, rien ne distrait son cœur ;
Un mal profond, cuisant, en secret le consume,
Et tout prend à ses yeux un sourire moqueur !
Entouré d'étrangers, dont la voix inconnue
Murmure à son oreille un langage nouveau,
Il est partout seul, lui ! sa vie est pâle et nue ;
Pas une âme ne vient répandre en son tombeau
Une lueur amie, un rayon sympathique,
Le ciel même est sans charme et la forêt sans air.
Souvent, au sein des nuits, son œil en pleurs s'applique
A saluer encor dans le profond éther,
Parmi toutes ses sœurs, l'étincelante étoile,
Qui sur les verts coteaux se levait chaque soir...
Autres cieux, autres monts, tout souvenir se voile,
Excepté dans son cœur où vit toujours l'espoir !
Hélas ! ce n'est pas tout. Lorsqu'au coin d'une rue,
Un nouveau bulletin, froid et dur messager,
Annonce une victoire à la foule accourue,
Quelle douleur pour lui, malheureux étranger,
De se sentir oisif, impuissant, inutile !
Puis, ce sont des drapeaux de lugubres couleurs [1],

[1] Le drapeau prussien est noir et blanc.

Par lesquels on célèbre, on affiche en la ville
Le peu de gloire acquise au prix de nos malheurs !
Peut-il bien admirer la face ponctuelle
De ces soldats sans âme, au pas lourd et précis,
Lui rappelant trop bien ceux qu'à Metz la Pucelle
Il vit entrer un jour, franchissant les glacis !
Enfin, quand de la nuit le bienfaisant silence
Apporte quelque calme à son cœur agité,
Tout à coup du clairon la sombre discordance
Semble compter le temps de sa captivité !

Courage, ô prisonnier, bientôt de la patrie
Tu reverras les champs, l'azur et le soleil ;
Bientôt tu fouleras cette terre chérie,
Où de la liberté Dieu marqua le réveil !

IX

Pour me fortifier dans cette voie d'apaisement, peignant moi-même, je fis la connaissance du premier peintre de Francfort, M. Winterwerb. C'était un homme jeune encore et d'une fort agréable figure. Artiste dans l'âme, il en avait toutes les aimables qualités : une humeur pleine de gaîté et de charme, un sans-façon de bon aloi qui lui conciliaient tous ceux qui l'approchaient. Il vivait fort retiré, et c'était perdre son temps que d'entamer avec lui le champ de la politique. Aussi, me trouvant quelques dispositions : « Mon ami, me disait-il souvent, laissez donc là votre épée ; faites vous peintre ; l'art n'a rien à faire avec la politique. »

Il avait raison certainement, le vaillant artiste. Dans le monde des intelligences, il n'y a ni Anglais, ni Français, ni Italiens, mais des hommes, mais l'humanité... l'humanité sans cesse aspirante, secouant les préjugés vulgaires et ne connaissant ni rangs, ni races. Mais le moyen pour un pauvre captif d'oublier son nom, sa famille, la poignante humiliation de sa patrie! Lui, sans doute, pouvait bien s'abandonner à son indifférence artistique, en présence des victoires inouïes, mille fois inespérées, de ses compatriotes!.. Néanmoins, son commerce était si doux, sa philosophie si persuasive, que je me laissai aller à leur salutaire influence. Mon temps se partagea entre ces deux arts sublimes, la peinture et la poésie. Je fis un portrait et j'écrivis ces deux pièces de vers :

UNE BELLE MATINÉE

Muse, prenons le chalumeau,
Le soleil nous donne un sourire ;
Célébrons un matin si beau.
Calme ton ardeur, ô Zéphyre,
Et poursuis d'un souffle léger
Tous ces charmants petits nuages
Dont un rien peut changer
La vapeur en orages.

Ah ! qu'il est pur l'air du printemps !
Avec bonheur on le respire ;
De la froidure, des autans,
Enfin il a brisé l'empire.
Il est pâle, le bleu du ciel,
Mais par lui le cœur vit, espère,
Et rejette le fiel
De cette vie amère !

De ma fenêtre on aperçoit
Les toits brillants du voisinage,
La mansarde ouverte où se voit
De la gaîté la vraie image ;
Les moineaux lutins épiant
De loin la ménagère amie
Qui jette en souriant
Quelques morceaux de mie.

C'est l'heure où l'astre du matin
Répand sa plus douce lumière,
Où la cloche au son argentin
Nous parle avec plus de mystère ;
C'est l'heure où, quittant du sommeil
Les illusions ravissantes,
On salue du réveil
Les clartés rougissantes.

Salut à toi, mon beau ciel bleu !
Salut surtout, aube naissante !
Arrête-toi, globe de feu.
Oh ! reste, brise caressante,
Reste pour ambaumer les airs,
Pour faire oublier ces jours sombres,
Où les pensers amers
Me couvraient de leurs ombres !

Oui, laisse-moi jouir encor,
Doux printemps... Que ton harmonie
Vienne inonder comme un flot d'or
Mon âme par toi rajeunie...
Tout passe si rapidement !
La joie, encor plus que la peine,
Ne dure qu'un moment,
Ainsi que ton haleine.

UNE ILLUSION PERDUE

C'était un chaud rayon perçant la chevelure,
Qui recouvrait brillante un col harmonieux;
C'était tout un espoir, qui n'avait pour parure
Que de seize printemps les contours gracieux.

Elle ignorait, sans doute, en sa belle innocence,
Ce que peut contenir d'amertume et d'amour
Un cœur s'ouvrant naïf à la sainte espérance ;
Puisse-t-elle, ô mon Dieu, ne pas l'apprendre un jour !

Que je l'aimais pourtant d'un amour pur et tendre !
Mais hélas ! mon regard, ma voix et mes soupirs
Étaient donc impuissants à le lui faire entendre !...
Mais silence, ô mon cœur ! Paix, ô mes souvenirs !

Tu la vis, mon ami, près de moi, sous l'ombrage,
Tous deux silencieux, nous tenant par la main,
Nous écoutions ravis les doux chants du bocage,
Et le jour s'écoulait pour nous sans lendemain !

Je partis plein de foi, vivant d'une autre vie,
Narguant du sort jaloux la cruelle rigueur,
Au-dessus du chagrin, au-dessus de l'envie,
Aspirant de l'amour l'enivrante langueur !...

Hélas ! déjà quatre ans ont passé sur ma tête,
Ces quatre ans ont pesé sur mon cœur tout meurtri ;
Mon amour a vécu, comme un beau jour de fête ;
La blessure est fermée et rien n'a refleuri !

Cependant la France allait se prononcer par ses représentants sur la question de la paix ou de la continuation de la guerre. Comme elle n'avait pas recherché cette lutte, et qu'elle n'y avait été entraînée que par une surprise et les plus fausses déclarations, elle en désirait généralement la fin, quels qu'eussent été ses désastres, ses sacrifices.

D'ailleurs, en tout grand pays, ceux qu'on appelle conservateurs, étant toujours en majorité, font nécessairement la loi. La guerre à outrance n'était le sentiment que de quelques-uns, de la jeunesse, toujours plus ardente, plus aventureuse, et de quelques généraux qui avaient brillé sur les derniers champs de bataille, et qui ne désespéraient pas, en la prolongeant, de chasser enfin les hordes envahissantes. Les débats furent longs et passionnés. Des récriminations inopportunes s'y mêlèrent. On céda pourtant, en s'inclinant devant l'arrêt du destin. Les préliminaires furent signés. On respira douloureusement. Les liens de notre captivité allaient se rompre d'eux-mêmes ; nous allions revoir la patrie... Mais ici encore, l'esprit tracassier et cupide de l'Allemagne trouva l'occasion de se montrer.

Le gouvernement prussien commença par nous dire qu'on nous garderait jusqu'au jour où s'assembleraient les membres de la commission de Bruxelles. Puis un ordre de Berlin nous avertit que ceux d'entre nous qui voudraient partir à leurs frais pourraient adresser leur demande au ministère, pourvu qu'ils eussent *un motif grave* à faire valoir. Après avoir réfléchi quelques instants aux termes de cette dépêche, je compris bien vite que nos rapaces ennemis cherchaient à faire des économies sur notre rapatriement, et, fort de cette conviction, je fis ma demande, n'alléguant pour tout motif que le grand désir de « revoir mon pays et ma famille. » Deux semaines, deux mortelles semaines se passèrent dans l'attente, lorsqu'un jour on nous dit que tous ceux qui avaient fait des demandes pourraient partir. Je ne me le fis pas répéter je rentrai et fis ma malle. Vers le soir, je venais de faire mes visites d'adieu quand on vint m'annoncer qu'une dépêche nouvelle nous maintenait prisonniers pour un temps indéfini. Cette incertitude me remplit de tristesse et d'indignation, et j'exhalai mon ressentiment patriotique dans les strophes suivantes :

NOUS NOUS VENGERONS !

Un jour, captif au loin dans la dure Allemagne,
Ému par nos revers, bien plus que par le bagne
Qui brisait pour longtemps notre antique valeur,
Je me mis à pleurer de rage et de douleur.
Je pleurais mon pays, ce beau pays de France,
Si fier, si généreux, soumis à l'arrogance
D'un peuple sans honneur, résolu cette fois
De le soumettre au joug de ses barbares lois !

Il avait dit, ce roi faussement débonnaire,
De notre nation ennemi séculaire !
Il avait dit : « Allons pour plus de cinquante ans
« Ruiner l'orgueilleuse... Allons, et pour longtemps
« Ces Francs audacieux, si pleins de suffisance,
« Ne pourront même pas concevoir l'espérance
« D'arrêter un seul jour les pas victorieux
« Du grand peuple allemand enfin uni contre eux !

« Aux armes ! dit ce roi que réclame la tombe.
« Aux armes ! Allemands, avant que je succombe,
« Hâtons-nous de venger cet outrage odieux
« Dont on grava la honte au front de nos aïeux !
« Franchissons le grand fleuve aux rives disputées ;
« Courons au Rhin, et que ses ondes insultées
« Par un vil étranger roulent en écumant
« A travers nos vieux bourgs, dans un lit allemand ! »

Et bientôt à sa voix le peuple entier se lève ;
Il marche en souverain, puis en huit mois achève
Son exécrable tâche, au milieu de forfaits,
Interprétés par lui comme autant de bienfaits !
Car il a prétendu, dans sa féroce ivresse,
Être envoyé par Dieu, justice vengeresse...,
Qu'il était son fléau, son divin instrument,
Pour nous punir enfin de notre aveuglement !

Lui, barbare oppresseur, atroce incendiaire,
Aurait été choisi pour prêter sa lumière
A l'immortel flambeau, dont notre action
Éclaire tout chemin et toute nation !
Et s'il est un fléau, quel que soit notre crime,
Le bourreau saurait-il jeter à la victime,
Dont l'échafaud sanglant reçoit le corps glacé,
Même une allusion au sang qu'elle a versé !

Oui, Strasbourg, Verdun, Metz et beaucoup d'autres villes
Frémissent sous le poids de vos masses serviles.
Oui, nos drapeaux trahis vont orner maintenant
Vos temples, vos palais !... O revers étonnant !
Mais quoi ! Se peut-il donc qu'un seul jour de fortune
Efface de vos cœurs la mémoire importune
De l'éclat éternel de nos fameux exploits,
De la honte infligée à vos perfides rois !

Non !... Vous vous souvenez... Dans le sein de sa mère
Le fils sut hériter de la haine du père,
Et notre belle France en porte sur le flanc
La douloureuse marque écrite avec du sang !
Ainsi, vous, Allemands, vous, peuple philosophe,
Vantés par le poëte en mainte et mainte strophe,
Laissant là vos vertus, c'est avec le canon
Que vous venez camper au pied du Trianon !

Vous avez su cacher sous votre bonhomie
Près d'un siècle de haine à l'antique ennemie !
Mais tandis que la Force, en pesants bataillons,
Conquérait pied à pied nos fertiles sillons,
Ce fut un fier génie électrisant nos têtes,
Un aigle radieux nourri de ses conquêtes
Qui, fixant l'œil sur vous, fendit jadis les cieux,
Et brisa d'un seul coup l'orgueil de vos aïeux

Et maintenant, Germains, jouissez ! la victoire
Peut-être calmera votre horrible mémoire...
Mais, s'il le faut, nos fils déserteront les arts,
Et pour escalader vos villes, vos remparts,
Ils se condamneront, enfants de la lumière,
A remonter du temps la trop sombre carrière,
Pour s'enivrer de poudre, et détruire et brûler,
Et jouir du carnage et voir le sang couler !

Ils seront assez forts, ayant assez de haine !
Et, tels qu'un ouragan qui soudain se déchaîne,
Après avoir longtemps préparé ses efforts,
Ils pourront s'élancer sans pitié, sans remords,
Et venger, eux aussi, leurs parents et leurs frères,
Par le fer, par le feu, par toutes les misères
Qu'un jour sut inventer votre férocité,
Pour calmer votre envie et votre avidité !

Allons, Français, debout ! Ramenons la victoire
Sous nos vieux étendards toujours brillants de gloire.
Debout ! ô mon pays, debout, l'épée en main !
L'avenir est à nous, l'avenir c'est demain !
Ni plaisirs, ni repos ; entiers à la vengeance,
Pressons le pas, marchons contre la vile engeance
Qui des siècles de fer fait revivre l'horreur,
Sans leur âpre courage et sans leur fier honneur !

X

Enfin le 18 mars on nous donna des feuilles de route. Je rentrai, fis mes adieux à mes parents, qui auraient bien voulu me retenir quelques jours encore, et je pris le premier train, avec un de mes camarades, M. le capitaine de S***. J'étais bien tenté de me laisser aller à ma joie, mais à chaque station mes craintes se réveillaient ; je m'imaginais qu'une dépêche allait peut-être nous arrêter. Mon compagnon de voyage subissait les mêmes impressions; aussi restâmes-nous silencieux jusqu'à Bâle.

Une fois arrivés dans cette ville, nos transports éclatèrent. Nous soupâmes à la hâte et ne pûmes nous empêcher de nous promener jusqu'à une heure du matin, pour savourer à notre aise l'air pur de la liberté! Car nous étions en Suisse, dans ce pays qui s'était montré si généreux à notre égard. Nous sentions bien que nous étions chez des amis ; que désormais nos tyrans n'auraient plus d'action sur nous. Il y avait cinq longs mois que nous étions courbés sous leur joug, ce qui est bien dur pour des Français !

Je fus enchanté de la ville. La partie qui couvre la colline est très-pittoresque. Il traverse Bâle, ce fleuve, objet d'éternelles discordes. Un magnifique pont relie les deux villes entre elles.

Le lendemain, nous partîmes pour Genève. Le pays que nous traversâmes est au-dessus de toute description ; c'est une suite non interrompue de beautés : des montagnes couvertes de verdure, des rochers gigantesques, d'immenses forêts, des torrents impétueux, des vallons pleins de grâce, et au fond de toutes ces merveilles, des glaciers resplendissants !

Nous nous arrêtâmes un instant à Berne. Partout on parle français. Enfin, au sortir d'un long tunnel, je revois le beau lac sur les bords duquel j'ai passé tant d'heureux jours. Mais la nuit descendait à grands pas, et tout retomba bientôt dans l'obscurité.

A Genève, les hôtels étaient pleins. Un jeune homme vint nous offrir une partie de son appartement ; nous acceptâmes. Le lendemain, nous étions à Lyon. Je me séparai alors de M. de S***, dont la connaissance m'avait été si agréable dans les derniers jours de notre captivité. Je ne fis qu'un bond de la gare chez mes bons parents. Je ne saurais jamais dire tous les divers sentiments que j'éprouvais à la fois, quand je me sentis pressé dans leurs bras ! Ils étaient restés pendant le siége de Metz plus de deux mois sans nouvelles de leur fils. Je ne pouvais malheureusement pas rester longtemps avec eux. Je dus partir cinq jours après pour Embrun, où devait se reformer mon bataillon. J'y trouvai des débris des armées de l'Est et de la Loire. Ces hommes avaient bien souffert. Beaucoup d'entre eux avaient eu les pieds gelés.

Embrun est une petite ville, grande comme la main, assise sur un rocher sans doute détaché des montagnes. A ses pieds, et à quelque distance, coulent les eaux glacées de la Durance, dans une vallée étroite, encadrée de hautes chaînes, dont les sommets sont couverts de neige pendant une grande partie de l'année. C'était bien l'endroit fait pour oublier nos souffrances. Le plus grand calme y règne, et l'on peut s'y retremper au sein de la plus belle nature.

Hélas ! nous comptions sans les affreuses passions des hommes. L'ordre arriva de faire partir un détachement de trois cents hommes pour Versailles. J'en fis partie sur ma demande. On met sept jours pour aller d'Embrun à Grenoble. La route est admirable et souvent suspendue au-dessus d'effrayants précipices, au fond desquels gronde un torrent. Arrivés à Grenoble, on nous y retint jusqu'à nouvel ordre.

Un mois après, notre intrépide bataillon, qui était resté le dernier sur le champ de bataille de Sedan, venait nous rejoindre. Le détachement, que de *** j'avais été chargé de conduire à la frontière, arriva lui aussi, du fond de l'Allemagne !... Je ne décrirai pas ce que j'éprouvai en le revoyant. Quelle métamorphose ! Ce n'étaient plus ces hommes pleins d'ardeur et de joie, dont j'avais eu tant de peine à modérer l'enthousiasme. On voyait bien qu'ils sortaient d'une horrible épreuve. Plusieurs étaient blessés. Sans armes, les habits en lambeaux, la face amaigrie, ils échangeaient avec moi des regards pleins de tristesse. Je contins les vives émotions de mon cœur, comprenant que leur retour et notre réunion achevaient la déplorable histoire dont je viens d'esquisser le récit. Lecteur, je vous devais cette dernière impression, dont je ne veux pas vous dissimuler l'amertume, quand d'une voix, qui n'était plus celle du commandement, je vins faire le douloureux appel. Au *nom* de celui-ci on me répondait : « Mort à Gravelotte ; » au *nom* de celui-là : « Mort à Peltre ; » au *nom* de tel autre : « Mort de maladie ou d'épuisement ; » de tel autre : « Mort en captivité des suites de ses blessures, » etc., etc. Vous étonnerez-vous qu'après cette scène déchirante j'aie exprimé ces sentiments :

LE SOMMEIL

Divin sommeil, où la vie abandonne
Le cœur brisé que la peine a rempli,
Enivre-moi de la torpeur qui donne
Le doux repos, le bienfaisant oubli,
Car j'ai souffert, j'ai vu de tristes jours...
Et je voudrais dormir toujours !

Au temps heureux de la naïve ivresse,
Ardent, j'aimai..., j'aimai de mes vingt ans !
Elle n'est plus, et maintenant j'adresse
Mes pleurs amers aux tombeaux verdoyants !

Lorsque tomba le drapeau de la France,
Humilié par l'aigle noir du Nord,
De mes amis, armés pour sa défense,
Hélas ! combien moissonnés par la mort !

Puis exilé, prisonnier d'Allemagne,
Pendant cinq mois, assiégeant mon chevet,
Le cauchemar de l'horrible campagne
Fit de mon cœur un incessant jouet !

Lorsque au retour, débordant d'allégresse,
Les yeux mouillés, je saluai nos champs.

Et que je vis cette immense détresse,
Cet abandon, ces pauvres paysans...

Lorsque surtout, pour comble d'infortune,
De vils Français, sans honte, sans remord,
Achevaient, eux, sous le nom de Commune,
Des ennemis le grand œuvre de mort !...
Que j'ai souffert de tous ces tristes jours !
Ah ! je voudrais dormir toujours !

Si tout, mon Dieu, se résume en souffrance,
Si notre cœur, à chaque instant qui vient,
Doit voir mourir sa foi, son espérance,
Brisez, brisez le nœud qui le retient,
Épargnez-lui tant de lugubres jours,
Et qu'il s'endorme pour toujours !

FIN

TABLE DES MATIÈRES

LYON. — IMPRIMERIE PITRAT AINÉ, RUE GENTIL, 4.

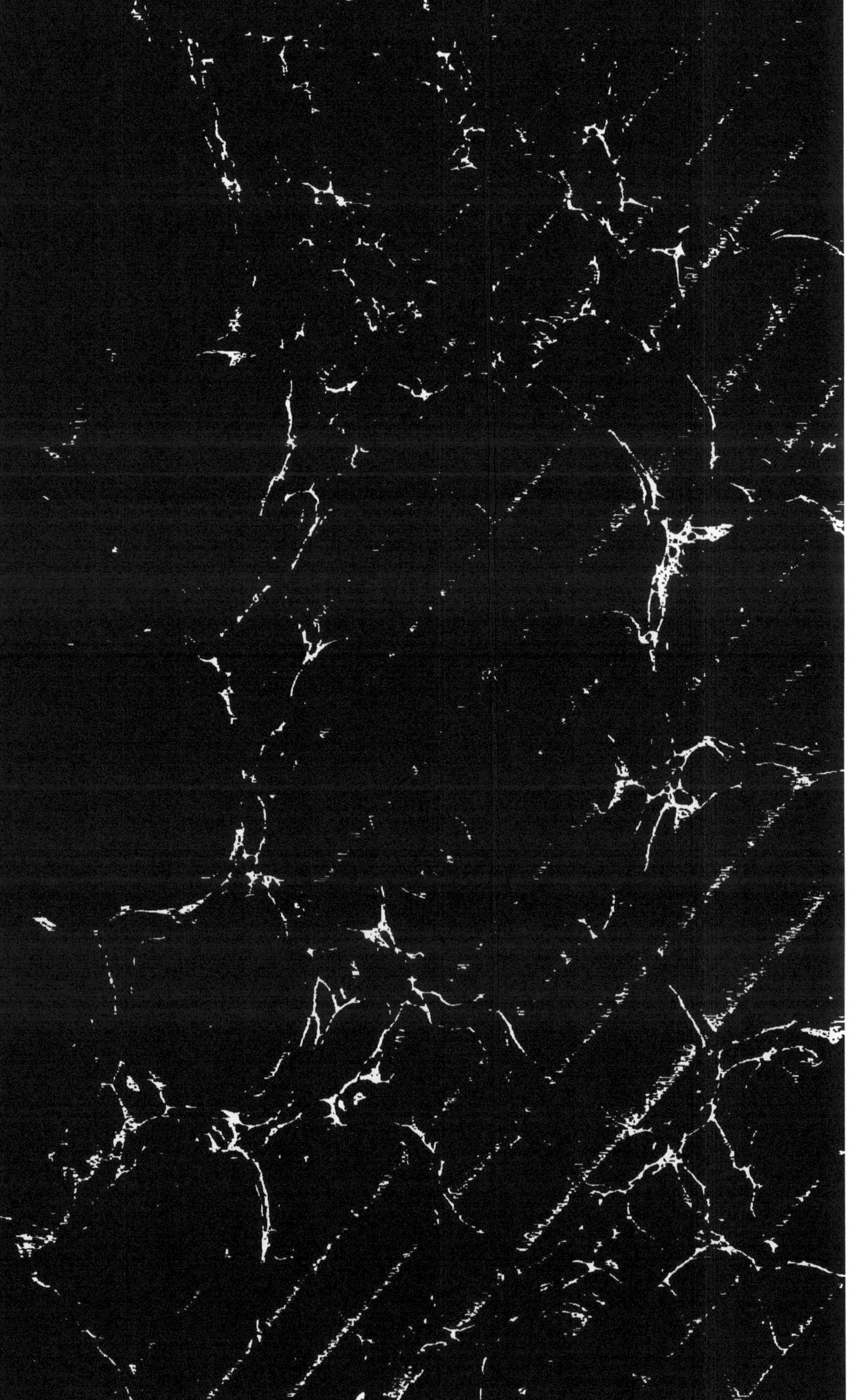

www.ingramcontent.com/pod-product-compliance
Ingram Content Group UK Ltd.
Pitfield, Milton Keynes, MK11 3LW, UK
UKHW020213250726
13967UKWH00003B/1439

9 782012 954878